裝甲車的女兒

看著戰車長大的愛國女孩
——熊海靈的人生風景

口述／熊海靈
訪談／李碧華

目錄

推薦序

第一部　我的成長

第二部　我的事業

第三部　我的婚姻

第四章　我的願景

推薦序

推薦序

1 ＝ 具有不畏艱難、勇敢向前的獨特個性

文／李傳偉（資深媒體人、前華視主播）

以長腿美女著稱的豔麗大明星，和我應該有三十多年的緣分。在我二十六歲從美國密蘇里大學拿到新聞碩士，被華視網羅回台灣，在新聞部擔任主播後，即曾經在華視攝影棚中邂逅！和我同年的她，每次出現總是豔光四射，令人目不暇給，當然我根本無緣親近。反倒是近年來，在許多華視老友相聚的場合中，才多次相會，看見她率真、正義感的人格特質，而成為好友！在我原本印象中，星路順遂不可一世的大明星，是上帝的寵兒，看完這本書才知道，她從小所經歷的坎坷遭遇，成名後又遭逢婚姻家暴引發憂鬱症而差點跳樓！

熊爸爸是偉大的，抗戰時期隻身來台，僅在裝甲部隊擔任駕駛，以微博的薪水而能養活一家六口，其間又遭逢火災等各種災難，都能一一克服，或許這也正

是培養出海靈，不畏艱難、勇敢向前的獨特個性！

天生麗質難自棄，從被廣告商找她拍褲襪廣告，到競選毛衣公主，進入華視演藝歌唱訓練班，上莒光日節目成為第一代的軍中情人！演藝圈中的三位大貴人，迅速的把她推上大紅大紫的舞臺！然而〈愛神〉似乎來的不是時候，早年的婚姻，又讓她嘗到被命運捉弄了二十年的光陰！

走過憂鬱症之苦的海靈，已經重新找到人生的新目標，她的身材、歌藝一如往常，歲月沒有在她身上留下痕跡，上節目上通告，都再再看到當年的美腿美豔女星，只是現在又多了一個，身穿國旗裝「正義女神」的封號！

2 ＝ 愛國藝人熊海靈

文／林建宏（新北市市政顧問）

熊海靈出書了！套句當下年輕人的用語，熊姐也有「開箱文(unboxing)」了。這個開箱文除了生活點滴的呈現，也包括了她心路歷程的描繪。她是真正有勇氣的！

我對她的認識始於老三臺時期「天使褲襪」的廣告。那雙明媚的大眼睛，婀娜有緻的線條。相信到今天許多五、六十歲以上年紀的人一定印象深刻。但是真正認識她是因為業務的往來，開始才有較深的交往。我是從事建築投資工作的，那時因為工地銷售有許多業務亟需她的協助。自民國八十二年起，從而開始有超過三十年以上的通家之好，我們兩家也經常一起相互聚會。

猶記得多年前她帶兒子赴美就學前夕，來我家践行。聊天時發覺她居然還不知道在美國海關出入境是要講英文哩！真是憨厚又勇敢啊！熊海靈有勤儉的一面，她和我家人餐會時，會把乾淨的餘菜打包回家，絕不浪費食物。這種小動作再再顯現節儉的習慣而不因她是知名藝人擺出一副高高在上的架勢。

最令人印象深刻的是已故藝人高凌風猝逝，在治喪期間，她不辭辛勞全程協助發喪，這種有情有義為人四海的胸襟，始終讓人難忘。最近幾年她更展現一片愛國情操，尤其是在許多大型的愛國活動上，那船形帽及一襲軍人裝扮，在舞台上巾幗不讓鬚眉，全力以赴，展現出愛國家、護國旗的赤子之心。

「立德」、「立功」、「立言」對我來說是非常遙遠的夢想，不過熊姐在許多言行舉止上堪稱是個典範！這位愛國藝術工作者熊海靈，個性率真、誠懇、實在、熱心不計得失。雖然國家沒有頒給她任何令人稱羨的獎項，但是我還是欽佩她寫下了這本勵志的「開箱文」。「立德」、「立言」她做到了。

這本很有洋蔥的書，我期待能一刷再刷，甚至N刷！我也祝福她永遠健康、快樂！

3 ＝ 她就是個嫉惡如仇的女漢子

文／夏春湧（資深音樂人）

在華視她沉浮了一段時間，從〈愛的羽毛〉她才真正的有了自己的天空。當時她雖然沒有萬紫千紅，但是從此站穩了自己的腳步。

年輕時候熊海靈就像個大姐頭，不只外型，主要是她的特殊味道，我那時候就開玩笑說：「誰都可以惹，別惹熊海靈。」她就是那種「利益放兩旁，義字擺中間」的個性，一路走來始終如一，在我眼中她就是個嫉惡如仇的女漢子。

從第一眼看到她，到最近看到她，一看就看了三十多年，百看不厭，因為她很耐看，不只外型主要是她的個性，他常稱自己熊奶奶，但很少有奶奶級的像她一樣還能吸引年輕帥哥的注目，說她是個天生麗質的奶奶，誰都不會有什麼意見！

她一路走到現在不算平順，讀書沒有寫過博士論文、當藝人沒有得過金曲獎，結了婚沒有遇到好男人，有了孩子還是孤家寡人，可是從來沒有聽她抱怨過，也許她就是這樣的人，寧願把淚吞到肚裡，也不願意留在眼中，因為她就是女漢子——我有心酸人前瞞，人前有淚不輕彈。她永遠不會讓任何人看到她脆弱的一面，這就是熊海靈！

她的過去我來得及參與，她的未來會繼續麻煩我，這就是我們的交情。她把我當大哥，我把她當妹子，有她在你的生活會很忙碌，你的情緒會很亢奮，你的日子不會很無聊，只要你身邊有個她，她不會讓你閒著！有時候我就覺得她是個好動兒，都幾歲了怎麼就是停不下來，在她旁邊的人想拒絕她都很難。她就是有那個強大的磁場，這就是熊海靈。前段時間她告訴我她要出書，我還是當玩笑！等到她要我幫她寫序，我才相信她是玩真的！在演藝圈混了三十多年，帶過的藝人琳瑯滿目，到今天還會來煩我的就只有她了！從年輕看著她一路走來，像一個故事，又像一場夢，走得如此快，來不及回味！

我衷心的希望，熊海靈就像她的成名曲〈愛的羽毛〉的那一句愛「的羽毛飛揚在春天裡」，她也永遠飛揚在春天裡！

後記：很多人因為一生精采而出書，說實話我覺得熊海靈出得太早，因為她的精采才剛開始。

4 ＝ 她，隨時都能站上舞臺接受考驗

文／崔苔菁（全方位藝人）

一九七七年 我進入華視主持《翠堤春曉》，在藝人群中看見一位滿眼放光，略帶羞澀的的女孩，清純活潑而不聒噪，也毫不掩飾對我的認同。伴著節目上山下海，我隨機建議一些演出的重點，她竟記恩至今，這是我看到她身上的特質。

靠著不斷的努力，每一次出現都能帶來亮點，高䠷的身材輕輕舞動，輕淡的裝扮難掩迷人風采，她飛速的進步中，打開知名度。華視那位漂亮女孩「熊海靈」，讓大家眼睛一亮。

熊海靈從電視擴展到舞臺，與「青蛙王子高凌風」合作無間，舞臺的磨練，讓熊海靈的表演內涵大大的提升。

二〇〇二年在美國，我們又見面了。她已為人妻和人母，纖塵不染的整潔居家環境和對子女教育的盡心，尤其還維持少女般身材……讓人驚訝她管理自己和家庭的一絲不苟，看到熊海靈擁有嚴苛的自律，令我好奇，她來自什麼樣的家教背景呢？

熊海靈身上有許多同齡人沒有的優點，生命力旺盛，無畏的前進，持續不懈的自律，保持身心靈狀態，她隨時都能站上舞臺地接受考驗，這種堅持夢想的精神，不斷的自我超越。

在此祝福，始終堅持的熊海靈，能步步走在屬於自己的舞臺。

5 ＝ 我在電影院裡認識她

文／張蓓心（資深歌手、演員）

學生時代，某天去看電影，我雙手捧著爆米花，在漆黑的電影院裡找座位，忽然，眼前一亮，大螢幕裡出現一位美麗的女孩兒，修長的雙腿吸引現場所有的觀眾，相信很多四、五年級的朋友都還有印象吧！就是這個褲襪廣告讓我認識了她，沒想到多年之後我們會成為好朋友的——熊海靈。

早期我在華視上過一些綜藝節目，有一次蔣光超「蔣爸爸」的《今宵今宵》，製作單位安排熊海靈和我一起合唱〈愛神〉，我是新人，完全沒有知名度，看到熊姐本人，自然是雀躍萬分，大美女不但沒有架子，還把她的項鍊往我身上掛，幫我精心打扮。之後我們又去金門勞軍，同住一個房間，晚上不睡覺，幾個女生嘰嘰喳喳聊不停，就這樣慢慢地熟悉，變成無話不談的好友。但沒想到因緣際會，後來我簽約中視，成為基本歌星。

人和人的緣分很奇妙，我們隸屬於不同的電視臺，卻又巧合地進了同一家唱片公司，「綜一」老闆是超級巨星高凌風，高大哥如日中天，秀場總是場場爆滿，我們這些子弟兵都要跟著巡演。從南到北的歌廳；無論是藍寶石、喜相逢、台中聯美、乃至台北狄斯角，早在那個時候，就全省走透透啦！

我們之間從不吝於幫助對方，有一次她臨時被公司派去新加坡作秀卻沒有禮服，我馬上借出我的行頭來應急。而我有一檔秀，頭上戴的假髮，還是她借我的呢！那一段日子，大家努力工作賺錢養家，或有辛苦但很快樂，現在回頭看看，真是美好的時光！

我眼中的小熊善良孝順，跟她接觸過的人，會覺得她像個傻大姐，但你千萬不要以為她真傻，惹毛了她，她一樣會反擊，而且力道強勁！在她結婚後，我去她家吃飯，兩個兒子還小有些調皮，在旁邊跑來跑去。一個站在舞臺上非常耀眼的藝人，此時此刻手上的麥克風已經變成鍋鏟了，更別說趴在地上擦地，這些家事都難不倒她。沒想到之後，結束不愉快的婚姻，讓她承受長年憂鬱之苦，但她堅毅的性格，並沒有被擊倒，可我知道這其中過程煎熬，幾把辛酸淚啊！現在一切都過去了，人生誰無風雨？雖有起伏，卻也漸入佳境。相識這麼多年，無論在哪裡，當誰情緒低落的時候，「傾聽」是我們都會為彼此做的事。

這些年來，小熊過得很充實，很多慈善團體，都有她投入的身影，對於許多弱勢族群，她也不忘伸出援手，「愛國藝人」的形象更是深值人心。而重情重義的她，在高大哥病重最後的那段日子，常常陪伴，更是讓人動容！幾個月前，我們通電話，小熊告訴我，可能要出書了，我想對妳說：真替感到妳開心，有許多喜歡妳的朋友，都希望這本新書得到熱烈的迴響。「人間歲月閒難得；天下知交老更親」，身為多年老友，能藉此書出版之際，抒發我們的友情，實在倍感榮幸。現在妳從演藝界進入一個新的領域，衷心祝福妳未來的人生快樂滿盈，精采紛呈！

6 ＝ 要繼續歌頌生命中絢爛的每一天

文／葛士林（資深媒體人）

熊海靈出書邀我寫序，我說妳已經很有「序」了。

做人——長幼有序，講求尊卑、尊重倫理；

處事——井然有序，敬業樂群、崇尚自然。

雖然出身寒微，但不失大家風範。書中描述小熊孩提時光在戰車陣中嬉戲翻轉成長的情境，那正孕育出軍人子弟堅毅、仗義、不畏難的獨特性格；成長路上縱有巔簸，幸而伴隨社會安定和經濟繁榮，享得公平接受教育和工作發展的機會，選擇了自我興趣的途徑，諸苦備嘗也都成了精采人生畫布上的塗料；透過小熊的描述，也讓大家分享一些不同的故事，其中卻不可忽視的是對家庭的責任和國家的認同。

熊海靈本名熊秀慧，「秀外慧中」應是熊叔叔對她最高的期望值，她做到了，一直以運動來保持優美的身材，同時也兼具了凍齡的效果，令人稱羨；最近常在電視新聞和節目中看到她一襲亮麗國旗裝的打扮，透露出率性執著、英姿煥發的氣息，充分展現紅花綠葉的功能，也能與名嘴同台闡述庶民的心聲，而最令人驚豔的是歌藝的突飛猛進，吸引了新一代觀衆的注目，當年同時期竄紅的江玲、沈雁、陳淑樺多已急流勇退，如今尚能擁抱新一代的熱情朋友，實屬一種難得機緣，聽勸今後大庭廣眾之前少再自稱「熊姐」了。

本文是序也不成序。

僅是祝福：不妨忘卻一切的不如意，可以緬懷美好的昨天，必須掌握勝利的今天，更要繼續歌頌生命中絢爛的每一天。

7 ═ 永不褪色的女神

文／趙怡（國立政治大學副校長、國際佛光會中華總會總會長）

二〇一五年三月二十八日，高雄市眷村發展協會舉辦「往日情懷」晚會，特邀具有國軍第二代身分的資深藝人熊海靈蒞場主持。舞台上，她獨挑大樑，載歌載舞，不掩昔日歌壇「女神」的風采，燃起現場一片狂熱。但是主持人絕口不談酬勞，演罷下臺就走人，我們只能追上去連聲道謝，奉上箋箋之數作為交通費。年輕的經辦人見我滿臉疑惑，悄聲地說：「您從沒聽說過熊姐做人就是這樣阿沙力的嗎？」老實說，我真沒聽說過！我和熊海靈並非故舊。算算年齡 一九七〇年代去國留學時她才念專科；回臺後她已息影嫁人；間或耳聞她的餘韻軼事，卻無緣識荊。直到近幾年，偶在媒體上見到她風評時事，仗義執言的身影，才對這位不讓鬚眉的「大姐頭」留下深刻印象，更由於彼此出身背景略同，在往後社交場合碰面，乃相談甚歡，頗覺一見如故。

即便如此，兩人仍不夠深入了解。因此，乍接到海靈出書索序的來函，本想信筆寫些讚美、奉承的文字交差，不料隨意瀏覽了幾段稿件之後，發現內容之紮實、情節之曲折、文辭之精美卻讓我有如飲甘霖，如獲至寶之感，最令人動容的，當推那股貫穿全書字裡行間、濃稠得化解不開的至性真情。

沒錯，真誠二字似乎是「傳奇熊海靈」的最佳寫照。她的一生，從懵懂無知的童騃、浪漫懷春的少艾、破繭而出的新星、驚世狂飆的女神、甘於淡泊的主婦、再現江湖的名嘴、一呼百諾的韓粉……，在各個不同階段，「熊姐」的精神標幟，無非就是「秉諸良知、明辨是非、率性而為」，不論對父母家人、同儕友輩、社會中人，都一以貫之，永不褪色。尤其，她在書中數度對知交高凌風、前輩崔苔菁和編導葛士林吐露感恩之情，甚且以「人生的貴人」稱之，若以她本身的資歷、聲望和成就而言，當今現實社會中又有幾人能表現出如此風範？

本書是一部由作者自述的生命記錄，主人翁從極為艱苦的環境和坎坷的路程中逆轉成功，所顯現的是渾然無懼的氣概與淬礪奮進的毅力，堪為後來者傚習。而我與海靈同屬軍人子女，也曾在竹籬笆裡伴著「反攻大陸去」的激揚口號，度過漫天烽火的歲月，書中的字字血淚難免牽動起感懷憶往的愁緒。多年前，我在著作中寫過這麼幾句話：「其實，對眷村居民而言，命運中的苦澀無須怨懟，動盪困頓的歲月也早已隨風而逝；我們唯一卑微的願望就是在那串風雨飄搖的日子裡，國軍將士和他們的家屬為捍衛這片土地所寫下的血淚篇章，不能被台灣人民所遺忘」。我衷心期待熊海靈女士大作的暢銷於世，將為那段被時代淹沒的史實提供更有力的見證。

8 ＝ 我心目中的熊海靈

文／李碧華

久別後街頭偶遇，小熊叫住我，我們停下腳步閒聊。夕陽下，她的臉臉頰漾起玫瑰色的光潤，一如初識。而後又巧遇幾回，感覺茫茫人海中，我們竟未擦身而過，好有緣喔！

說好要再聯絡，就真的用Line來來往往，小熊傳來她的國旗造型，一眼就可看出她參與二〇二〇的熱忱。藝人多半遠離政治而明哲保身，小熊是個例外，她直言不諱，在《庶民大頭家》談事論理，毫不扭捏自己的政治傾向，敢愛敢恨。

我突有一想，何不出本書把二〇二〇前後的心路記載下來？小熊念五專就出道，漫漫星路，處處詭譎，讀者應該很渴望這樣的故事。跟她提，很痛快地敲好細節，由她口述我代筆。小熊國文成績一向傲視群倫，她是能寫的，由我來代筆，壓力不能說不大。

不過，小熊說自己忙，書年底要出版，得找快手合作，好吧！快手就是我。

訪談見面，我無不一次比一次希望幫她更多的忙，因為，她先一步體貼了我，讓我在工作中感到無比的自在、方便、舒適，從午後到黃昏，時間轉眼就過去，話猶未盡就去 **Piano Bar** 補唱幾首，聲音穿過回憶，首首帶幾分感傷，很美的感傷。

跟藝人相處，很少能這樣。

寫小熊毫不困難，因為她是個說故事能手，某年某月某日發生什麼事，她都可以一人分飾多角，像寫立體腳本般有條有理的敘述。是有對話的、有畫面的，有豐富背景的。

最先敘述的是貧而不寒，窮而不苦的成長。她在充滿愛的家庭長大，乍看她是美豔的性感小野貓，以為青春期必然叛逆反骨又動盪，不，正相反，她奉守父母言教身教，受完正規大專教育進入演藝圈，脫下舞臺炫麗「戰袍」，其實是個極為生活化的家常女子，素顏與夾腳拖逛通化街的修長女子正是她，嗯，好看極了。

我們常在餐廳邊煮邊談話，逆著光，她身影靈動，三下兩下就料理上桌，繽紛的果汁也打好，話梗完全沒走序失焦，頂多因手上忙活，停頓間找接頭：「我剛剛講到哪裡了？」

分明是被藝人耽誤的料理師。

在新竹讀小學，戰車滾滾，滾出少女歲月的愛國敬軍情懷，進入演藝圈是人生重要里程碑，她有幸碰到秀場的黃金時代，除了跟著一哥跑場作秀外，也蛻變成唱片界的小清新，主持節目更駕輕就熟。可性感可優雅，可淘氣也可文靜，小熊開啟的演藝事業其實大有可為，但，她選擇嫁人，那年才二十六歲。

而後婚姻觸礁、憂鬱上身，再度粉墨登場之時，台灣演藝環境已全然改貌。小熊適應得不錯，從能演能唱能說能主持：「無所不能」的全方位盤整，靈光閃現。

9 ＝ 天生麗質，唯我獨尊

文／李菁菁（榮馬入林文化事業總編輯）

演藝圈，美女如雲，她自然是其中的一位，年輕時是美女中的美女，如今的她，更是傳說中「美魔女」的最佳代言人。面貌姣好、身材高眺，五官立體細緻，眼睛又大又圓，前凸後翹的完美曲線，再配上一雙又直又長的美腿，讓人不禁豔羨，現實人間，真有如此完美的女神存在，不知前世燒了多少好香，佛前供了多少香花，也許還做盡一切善事，才能得此天仙般的美貌，成為眾所矚目的焦點。

她是熊海靈，具備了踏入演藝圈所必須具備的大部分條件。可惜在她聲勢最高漲、名氣最響亮之時，竟毫不猶豫選擇急流勇退，嫁作人婦，退居幕後，扮演起賢妻良母的角色。後來再看到她出現在螢光幕前，已經是孩子的媽了，豔麗的美貌增添了幾許成熟韻味。

多年前，偶然一次在談話性節目中聽到她分享自己的居家生活，提到當時在讀國小的兒子有多麼介意（忌諱）她出現在學校裡，因為同學們的媽媽們都是簡單樸素的居家裝扮，唯有自己的媽，無論走到哪裡，永遠一襲超短迷你裙，蹬蹬作響的新潮高跟鞋……熊海靈在節目中大方分享「兒子的心聲」，我想聽在多數類似年紀的女人耳裡大概不是滋味，人美是天生的，但自己還不懂得藏，如此招搖過街，如此鋒芒畢露，簡直該死。

但，她是熊海靈，天不怕地不怕的熊海靈，兒子嚴正抗議，旁人有異議，都不關她的事。天生麗質，唯我獨尊，就算退出演藝圈，走進平凡婚姻，也不會讓自己成為黃臉婆、糟糠妻。

婚姻裡的高潮迭起、酸甜苦辣，誰人沒有自己驚天動地的故事，但在故事之外，她依然是那個懂得愛自己、維持好自己的熊海靈。也因此，當我們在現實世界中見到她本人時，一點兒也不至於感到訝異，我們不會輕聲喟嘆：「唷，她老了！」耳語八卦談論：「唉呀！怎麼變這麼胖呢……」歲月於她沒有絲毫作用，光陰似箭，卻是將她最美的面容好好保存在人們的視線裡、眼光中，成為一副永恆的畫面。

聽說她已經年過花甲了（不要懷疑……），卻依然美豔動人，落落大方不造作，我深信上天賜予她如此美貌，一定有上天的旨意，畢竟在這五濁惡世裡，能夠數十年維持著外在自然亮麗的美好，如若內在不具足同樣美而璀璨的心靈，根本辦不到。

謝謝熊海靈用自己的人生見證了美的存在，祝福她新書大賣，人生由此更上一層！

10 ＝ 節制的小野貓

文／李正輝（藝術家）

今年的九月，剛好有機會和熊海靈一起到安徽合肥做兩岸交流，總共相處九天，近距離的觀察，熊海靈真的是一位樂觀進取的明星藝人。「上了舞臺大大放開，真實生活裡卻很節制，甚至有點保守！」碧華告訴我熊海靈的個性是這樣時，我就恨不得馬上近一步認識她，現在有書《裝甲車的女兒》可以逐字細讀，也算開始貼近一位大明星的傳奇了。

節制最明顯的，莫過於形之在外的魔鬼身材。「凍齡美魔女」，說得多了，也覺得這五個字世俗，然而看遍三代美女，熊海靈還是最經典，不得不再這樣形容一次。

不可思議的曼妙多姿，六十年如一日，增一分太多，減一分太少。碧華告訴我，這成績絕非憑空得來，熊海靈有天天在練。由毅力延伸出來的「美」德，我們就學也學不完囉！祝熊海靈新書大賣，裝甲車的回憶，傳遍我們高年級這一代。

11 ＝ 有趣的靈魂

文／沈曼光（資深模特兒）

不只外貌美麗，熊海靈還靈魂有趣。有一次在電視上看到她講自己的失婚故事，一般女人一提到這段愛恨情仇，莫不悲從中來，自嘆命苦，真心換絕情的眼淚，流不停啊！

直率又有表演才華的小熊，偏偏是淚中帶笑、自我解嘲的高手。她在談話中一人分飾多角，演自己，演婆婆，也用前夫的口吻一搭一唱，讓我們全家人笑到肚子痛。小熊視崔苔菁、葛士林與高凌風為恩人，重情重義陪伴高凌風走完最後一程，書中有催淚的著墨。

這本書，通俗中帶著氣韻，有些地方寫得很爆笑，我讀到的卻是一絲悲憫；

有些地方寫得很天真，我讀到的卻是滄桑。行文落筆絲絲入扣，從一個芋頭配蕃薯的原生家族來觀照整個四年級的縮影，充滿了各自難以被他人了解的孤獨與哀傷。

舊時代，我們走秀的舞臺在高端消費的大飯店，金字塔的客人邊用餐邊看服裝秀，剛出道的熊海靈那時候就已加入巡迴服務表演，套句現代人用語，被稱為「嫩模」。

熊海靈說的沒錯，那個時代的模特兒都是原味的原創，沒靠醫美，保持著各自獨特的風格。看著小熊從嫩模一路發展至今，除了一直將身材保持得跟當年一樣好之外，長期在演藝圈的表演也可圈可點。如今她精采的前半段人生即將出版成冊，看著書中敘述著屬於我們年代的過往，令人感動至深。相信讀完這本書，也能讓讀者從中獲得更豐盈的人生智慧。

12 ＝ 神秘與傳奇色彩的傳記

文／徐美玲（台視新聞部製作人）

說熊海靈是讓人驚豔的凍齡女神大概沒人會反對！不管歲月在多少人身上留下痕跡，這位活躍於一九八〇年代電視、電影與歌壇，有著一雙靈動大眼和修長美腿的「長腿姐姐」至今仍保持著讓人羨慕的完美身材和美麗容顏，絲毫不輸給時下的正妹、辣妹們，任誰都無法相信其實她已經六十一歲了。

但這樣舉手投足之間盡是性感與成熟嫵媚的熊海靈，卻有著北地胭脂的豪爽嗆辣，婚後淡出演藝圈的她這幾年在媒體上出現時，言談總是直接坦白不做作，經常讓人大呼過癮，也許經歷婚姻、事業多次起伏後，一路走來的折磨讓熊海靈對人生有了更多的體悟和迎頭痛擊的勇氣，這樣堅強又不認輸的俠女性格雖然容易得罪人，但又令人激賞。

媒體前輩李碧華姐是熊海靈的好友，也是這本傳記的執筆者，她的文字清靈優美、深刻動人，由她來書寫熊海靈的生命故事，相信呈現出來的除了普羅大眾知道的美魔女外，還有更多你所不知道的熊海靈，這本充滿神祕與傳奇色彩的傳記令人期待。

13

有價值的事，就伸出援手幫幫忙

文／畢麗家（廣播主持人）

小熊的好，接觸過她的人，分分秒秒都感受得到。

對演藝的熱愛，奠定她的情義與責任，書裡每個人物，都被深情凝視過，每一段敘述，都刻骨銘心，雖說是雞婆愛管閒事，但也有是非好壞的認知，對於好的，有價值的事，就伸出援手幫幫忙。

中年以後，不禁吐露兩句時光飛逝的感嘆。小熊也是跋山涉水、不容易地走過來，蠻厲害的。套句記者好友的話：「如今更值得珍重和珍惜的，或許就是繁花過後，隨時間沉澱的，一樹真理。」

第一部

我的成長

1　難怪長大當歌星，原來愛哭鬼有練過嗓門

越過時間長河，跨向時空萬里，人生的疾行船只有一個不許回頭的方向。眺望逝水滾滾，來時路層層漸漸籠罩於蒼茫，回首船艙內，卻燈火燦爛、人聲鼎沸，與江上不斷後退的風景光影交錯。

如今遺落了天真，歷經各種滄桑，直到今年媽媽走了，但不會與社會脫節而世故才真正成長，我是湖北人，湖北簡稱「鄂」，此名因古代多「鱷」魚而來。在這城市，百看不厭的是越王勾踐劍和二十三弦瑟，以及唐代的陶硯，處處鄉愁。

出生台中馬岡，後來搬到清泉崗，一般人只知道它是空軍基地，其實裝甲兵也駐守過清泉崗，五歲以前，每天都看到飛機在頭頂上呼嘯而過，真是太棒的人

生體驗。

一九五九年八月七日發生了八七水災，當時哥哥不滿四歲，我才一歲多，大弟剛出生，爸爸是職業軍人，記憶中，爸爸不常在家。發生水災那一天，洪水迅速破門而入，以前家境貧寒，簡陋的房子，泥土砌成的泥磚哪經得起高漲的大水浸泡？

後來全家隨著裝甲部隊遷移到新竹湖口住了一年，在長安裝甲兵基地完成小學教育，每天走過裝甲車身邊上學，身為裝甲車的女兒，血液無不沸騰著黃沙滾滾、萬里塵揚的基因。之後，再搬到長安裝甲兵學校旁邊就讀湖口國中，直到爸爸認為要搬到城市，小孩才有良好發展，才舉家遷往台北而轉學到金華女中。

從小學一年級開始，我就在湖口長安裝甲兵基地旁邊，每天聽著〈夜襲〉、〈槍在我們的肩膀〉以及〈九條好漢在一班〉這些軍歌長大，耳濡目染，成就了我心目中那股愛國熱血與情操，看著戰車轟隆隆地從我身邊經過，捲起陣陣黃沙，是我人生最深刻的記憶。

日新月異：「打了就跑！」的雲豹二代迫砲車前陣子亮相，成為國軍地面部隊重要的裝甲戰力，取代了爸爸時代老舊的 V-150S 甲車而擔任緊急「萬鈞計畫」

車隊用車。雲豹二代包括甲車外型採側邊傾斜方式設計，增加流線性、氣動力、抗彈性等效果；甲車上方角度縮小，受彈面積降低、前車燈改為LED燈，提高照明、轉向系統從四輪改為六輪，使原先轉向半徑從十一公尺降至九公尺等。

在我小時候，哪曾看過此種大款啊？裝甲車的女兒注意裝甲車發展史，看到新款特別喜不自勝，也回想起在新竹度過的敬軍愛國歲月。台中清泉崗裝甲戰車基地的救護車駕駛就是我爸爸，孑然一身跟著國民政府來台灣，官拜上士，以微薄的薪水養活一家六口。我在台中馬岡出生，年紀太小，已不復記憶，現在回台中去問，已沒有人知道馬岡在哪裡。

台中清泉崗的住家滿屋東堆西塞的，小小的客廳因此看起來可窄可闊的，產生「一人滿，多人亦滿」的意境。八七水災那年，弟弟剛出生，爸爸不在家，媽媽急促地把我們三個小蘿蔔頭安置在一張竹床上，眼看著洪水即將從泥牆滾滾的灌進來，已灌到床沿，我們心裡好害怕，四周都是漂過來的雞鴨和臉盆，就差一點點，洪水若再無情的漲高，全家四個人就此沒了。

老爸的愛心，老媽的安心，手足之間的真心，指引我們一家人依循著倫常的軌道往前邁進，宛如日月恆星，日月在，天地平。記憶中，媽媽總是摸黑地在凌晨三點起床升爐火，爸爸在旁邊揉麵糰做燒餅。烤爐是最傳統的那一種，要用手把燒餅貼在爐子的內壁上，一不小心會燙傷。當然，爸爸媽媽的手臂也無法避免的傷痕累累。

爸爸做出來的燒餅真是「天下第一絕」，除了蔥花之外，還夾進油酥，剛出爐的燒餅熱騰騰，一口咬下真酥脆，立刻芝麻掉滿地，是我一生無法忘記的美味。當時就讀新竹縣湖口國中一年級，上學前，瘦小的我拎著一袋燒餅負責送到軍中福利社，每次，才走到半途，阿兵哥就把燒餅買完，我跑回家重新再拎一袋，又是半途賣光光，每天總要來回跑個三趟，以微薄的收入補貼家用。

爸爸在醫護站開救護車，去上班後，媽媽清完爐火也還不得休息，因為包下了清洗阿兵哥軍服的工作才正要開始。一個瘦小殘障的身軀，無論夏日或嚴冬，都要在屋簷下賣力的洗刷，軍服清洗手續繁複，要漿過、燙過才能休息。到了傍晚，還要為孩子們煮晚餐，我勤儉持家的美麗媽媽，就這樣日以繼夜的過著苦日子，晚上半夜醒來，看到媽媽坐在蚊帳內揉著她的雙腳，我擔心的問：「媽媽妳怎麼了？」

媽媽邊揉邊告訴我說，因為左腳長了厚繭，白天刷洗衣服時常泡到肥皂水而裂開……，非常的痛。看媽媽左腳，裂開的傷口淌著血水，我不禁流下了疼惜的眼淚。可是，媽媽美麗的臉龐卻是苦中作樂，笑著對我說：「沒關係，妳趕快睡覺，明天還要上課。」我躲在棉被裡哭泣，小小心靈思索著，如何才能幫助父母分憂解愁。

記得念長安國小的時候，媽媽因爸爸胸部長了一個硬塊而嚇壞了，當時立刻北上榮總檢查，深怕爸爸得了癌症，丟下年輕的媽媽和四個孩子沒人照顧，還好，僅是虛驚一場。

因省籍的隔閡，爸爸也曾受到外公的反對，那個時代的父母很難扭轉「台灣人不嫁窮外省人」的想法。生長在農村的媽媽，不敢說在台中豐原排名第一大美女，但鐵定是前三名的「豐原之花」。她天生麗質，皮膚白晰，最可貴的是有一顆願意照顧眾生的善良的心。

只可惜，日據時代醫療不發達，媽媽在小學六年級因小兒麻痺症未即時治療而造成左腳萎縮，產生了身體無法根治的永久缺陷，外公也許因為這缺陷而讓步，爸爸才如願娶得美嬌娘。就這樣日復一日，夫妻合作無間，一生相親相愛、在愛的路上相扶持。

小學五年級念新竹縣長安國小，表演《小放牛》。我演牧童（左）。

媽媽後來告訴我，舊年代醫學知識不發達，生下哥哥的第一件事就去看他的雙腳是不是健全。「小兒麻痺不會傳染，恭喜熊太太，是個可愛的胖小子呢！」護士抱來健康又愛笑的孩子，媽媽頓時喜極而泣，終於放下心中久懸的一塊大石頭。

在清泉崗時，父母婚後的簡陋泥屋，倒成了軍隊另一個溫暖的家。家沒有廚房大竈，煤煙炭火薰滿遠去的、貼貼補補的童年，只要孩子喊：「要吃麵麵。」爸爸隨手就拿起麵粉捏起幾個麵疙瘩，因此麵食在我的親情記憶裡占有非常重要的成分。水餃、蔥油餅、麵疙瘩、烙餅……吃著想著，難免都會思念爸爸的手藝，最重要的還有包子和饅頭。

在清泉崗，爸爸是部隊中第一個結婚成家的，許多同袍當時都還單身打光棍，媽媽於是成為他們口中尊敬的「嫂子」，放假都到家裡來喝茶聊天打牙祭，媽媽必也在貧寒的家計中，盡力挪出糧米給弟兄們做好吃的。媽媽曾經說過：「妳爸爸微薄的薪水，到了端午節，好不容易包了兩串粽子，妳爸同袍一來，第一掛很快就沒有了。」

普遍的情感，時代的哀愁。一群人圍桌而坐，縱使屋矮簷低、粗茶淡飯，也都因愛心而菜香滿溢。爸爸媽媽在廚房用領來的麵粉做各種麵食，填飽了老兵的肚子，也撫慰了外省人的鄉愁，以「老哥，乾杯！」的豪邁，讓軍中同袍成為患難兄弟，更親如家人。也是那個時代的國家守護者，忠誠的以國為家，犧牲享受、也享受犧牲。

對同袍總是慷慨大方的爸爸其實超級節儉，媽媽也一生刻苦，朋友送來西瓜，壞掉半個，媽媽捨不得丟掉，總說：「還是可以吃的，不然可惜了。」

軍中叔叔伯伯來家裡走動，也都是熟人，但是說來奇怪，記得有一次王叔叔一摸著我的頭和藹可親地叫我：「ㄚ頭，妳在做什麼呀？」真不知道什麼原因，本來一個人玩得好好的，一聽到有人叫我，就禁不住嚎啕大哭，一哭就哭兩三個小時，久久也停不下來。媽媽說，我從小就愛哭，天生就是個愛哭鬼，可憐了為三餐奔波的媽媽還要哄我。

「難怪秀慧長大當歌星，小時候原來有練過嗓門。」朋友如此笑我。現在遇到感動的事與可憐的人，心頭酸酸的，還是很容易掉眼淚，只是天生堅強，外人比較不容易看到我掉眼淚的脆弱樣子，因為我都躲起來，獨自飲泣。

樓下環保大哥就是令我心酸與同情的對象，看他躬著身子，我就為他準備回收品及食物，在門口等著拿給他。他聽力有些受損，可能聽不到，不常回答我的問候，直到有一次，我提高聲量問他：「有一些吃的東西，請問你要嗎？」他才抬起頭，低聲問：「這吃的，有沒有過期？」我心頭酸酸地告訴他，沒有過期，都很新鮮的。」看他肯接受，且不尷尬，我就再回到樓上另外再多拿幾包，同時拿了兩套全新的休閒服送他。

然後，我快步轉身離開，因為要給這位辛苦的大哥留面子。轉身中，我看到他的一抹微笑，如同之前爸爸帶東西回來給我們吃的時候，四個小蘿蔔頭快樂的情景。幸運的享有豐衣足食的我們，付出同情心之前，要先有同理心，讓接受的那一方感到舒服自在，不尷尬。

真的明白世上苦人多，應該苦民所苦啊！為什麼我們當時會這麼窮，爸爸卻從不叫苦？長大後有一天，爸爸對我說：「最苦的時候，我想搭飛機先投保，如果飛機失事，你們媽媽就可以拿撫恤賠償金養孩子。」

聽到這裡，我哭了，我對爸爸說：「你好笨哦！你人這麼好，是一位好丈夫、好爸爸，飛機不會掉下來的。」

大家來看看我的右腳拇指，特別短，因為有一次去營區找爸爸時，遍尋不著，看到一位叔叔，矮小的我，仰頭望著他問：「叔叔，我爸爸呢？」說時遲那時快，叔叔手上拿著一節戰車的鐵鍊，好死不死，當場掉下來砸中我的右腳大拇趾，霎時，我哭天搶地，大拇趾頓時被砸爛了，等我再長大一點發現，第二趾頭竟然比大拇趾長了一節。

後來，念世新，爸爸轉任到台北汀洲路三軍總醫院，因為爸爸會做木工，醫院的門窗都由他一個人維修，有一天問爸爸，可否去問醫生，我的第二趾是否可以切掉，讓第二趾和大拇趾同樣長，否則我不敢穿涼鞋，但是，繼而一想，切掉之後就沒有指甲，所以作罷。

現在已突破心理障礙，敢穿涼鞋了。因為心裡善良的人，少一段小趾頭無所謂。後來聽說腳的第二趾頭比拇趾長，媽媽比較長壽。果然如此，媽媽活到八十九歲，爸爸比媽媽早走十三年，只活到八十一歲，不知是否巧合？

右腳傷完換左腳，左腳踝的傷疤是坐腳踏車的結果，成為一輩子的記憶。那時，我念大雅大明國小，家裡空出一間房，租給一個皮鞋匠叔叔。平常，我和哥哥都是走路去上學，那一天，叔叔牽車出來正巧要去市區補貨備料，所以可以載我們上學，哥哥和我很少有機會坐腳踏車，都開心雀躍不已。

哥哥坐後座，我則坐前面的橫桿，我們歡喜地騎著，騎著……，路邊的美麗風景快速地從眼前飛過，像風箏，比溜滑梯還好玩。突然，皮鞋匠叔叔一個大轉彎時沒有減速，坐在前座的我，為了平衡身子，不小心左腳伸進了急駛的前輪中，腳踏車剎那間停住了，我的左腳變成了剎車器，就這樣……，慘案發生，哥哥猝不及防地從車上後座跌下來，正在哎唷哎唷的大叫，殊不知，我右腳捲進車輪裡，那有多痛，可以想像呀！

爸爸看到我的慘狀，擔心不已，深怕我成為跛腳。左右雙腳受傷之外，再看我右肩膀，也有一大塊跟了幾十年的傷疤。「小皮球、香蕉油、滿地開花二十一……」幾個同學在教室後面拍皮球，不知怎麼的，硬就不讓另一位女同學玩，她很無聊的在一旁推拉教室的玻璃後門，女生們蹦蹦又跳跳，正玩得高興時……，哐噹一聲，驚天動地，拉門應聲而倒，整個玻璃框砸在我的頭上，玻璃碎滿了一地，怵目驚心。

想當然爾，我滿身都是血，右肩膀被刺傷，染紅了白上衣，驚壞了許多人，自己也嚇傻，幾乎快暈倒。

國中時期的珍貴黑白舊照片，站在右邊的我，笑得天真燦爛！

♪今天要聽〈夜襲〉

夜色茫茫，星月無光，只有砲聲四野迴盪，只有火花到處飛揚。腳尖著地，手握刀槍，英勇的弟兄們，挺進在漆黑的原野上。

我們眼觀四面、我們耳聽八方，無聲無息無聲無息，鑽向敵人的心臟，鑽向敵人的心臟，只等那信號一亮，只等那信號一響。我們就展開閃電攻擊，打一個轟轟烈烈的勝仗。

2 — 小弟走了，爸爸哭了

青春會成長，迷惘會過去，再讓我回到過去，一次就好，好嗎？記憶回到小學一年級，家裡發生大變故，三歲的可愛小弟走了。

那是個異常炎熱的夏天，像火輪一樣的太陽終日熱辣辣的晒著大地。哥哥、大弟和我嚷著去溜冰，家旁邊的河流，就是我們平常最喜歡去玩的地方。

爸爸目送我們三個小鬼出門時還叮嚀：「注意安全，別跑遠了。」等我們身影消失在巷口，爸爸摸摸小弟的小腦袋安撫他說：「小弟還小，就別去了。」

小弟很聽話，乖乖待在家。當天家裡來了客人，大人們聊天聊到一個不留神，沒發現站在矮矮木窗後的小弟，拉著窗戶的木條跟大家揮揮手：「叔叔再見，爸爸再見……」用奶音一個個說再見，像有預兆一般，卻從此再也無法相見。

小弟帶著臉盆，一不小心，掉下河裡了。我不禁在想，如果家裡沒來客人，憾事應該不會發生。

從白天到晚上，從山上搜到河邊，街坊鄰居幫著找人，找了一整夜都沒著落，直到最後，看見河底撈起的臉盆，爸爸才面色沉重，哀傷地嘆氣說：「看樣子，是凶多吉少了！」

第二天天亮，一個農夫在河中灌溉的出水柵欄口發現了一具冰冷的小身軀：「快啊！是你家小孩吧？」農夫奔過來報喪，家人在絕望間快崩潰了。爸爸攔著媽媽，不讓她去，媽媽怎肯？一定要去見愛兒，三步併兩步奔到田埂，揭開草席的剎那，媽媽哭到斷腸，就像被割掉一塊肉般痛不欲生，差點暈過去。我們都後悔沒攔住媽媽，當時真不應該叫媽媽看，因為爬滿螞蟻的景象太慘，以後再想起，日子多難過啊！那日爬滿螞蟻的小身軀的影像，也讓我一直揮之不去，更何況是我的爸媽，要如何承受？

當天晚上，雷雨交加，還不停的閃電，對照白天的晴空萬里，連老天也哭泣，是否是爸媽失去愛兒最痛苦的心情寫照？一直到後來我為人母，更能體會當時他們的心情，怎是一個「痛」字了得？這是我第一次看到爸爸哀嚎痛哭！

天空開始浮現暮色，人漸漸散去，河邊已清冷，留下覆蓋小弟的草蓆印子，深深地刻在媽媽的哀號中，有時候大聲，有時候就哽在喉間，比喊出來還痛。

3 ＝ 湖口念小學，竹林救哥哥

離開清泉崗這個傷心地，爸媽永遠都不想再回到這個失去小兒子的地方。軍人家庭的移動，根據的是一個長官指令。到了小學二年級下學期，我們家跟著裝甲兵部隊移到湖口，火車載著全家往北移動，我跪坐在椅子上，面向窗外，火車轉彎，趕快將頭探出窗子，山洞在前方，將臉貼在窗上，倒影出現圓嘟嘟的小臉。中學強項是地理，也許跟愛搭火車有關，鐵公雞載我神遊廣東桂林、湖北長沙、青島大連，再開上青康藏高原到蒙古……，南北串連著地理常識，不需要死背。

童年的照片，我眉清目秀，穿著整潔，小洋裝飛舞出無憂無慮，顯示出父母細心照顧的成績。無關貧窮或富有，孩子其實是父母的鏡子，怎麼樣的照顧就形成孩子怎麼樣的外觀，是看得出來的。尤其媽媽會做裁縫，年幼時漂亮的洋裝、小蓬裙就是出自我美麗母親的巧手。

學校四邊都是客家人，五歲時，我認了一個乾爸，他是四川人，我生平的第一個好吃的紅蘋果是乾爸買給我的，還有一件美麗的紅色夾克，也是乾爸送的禮物。又好幾次，不知怎麼無緣無故哭得好傷心，可能哭太久，爸爸受不了，又吵到鄰居，被爸爸拎到門外，腳朝上、頭朝下，叫我不要再哭了。我口中卻一直叫著：「乾爸！快來救我，快來啊！」

沒想到第二天乾爸真的從大老遠的台南趕到新竹來哄我：「秀慧，別哭，別哭喔……」濃濃的四川口音，至今還迴盪腦際。乾爸還送過我一雙漂亮的皮鞋，同學都打赤腳走煤渣路，我是唯一有鞋的，還穿的是皮鞋。往後參加毛衣公主選拔，沒錢買衣服，我搭公路局從台北到新竹長安，跟他拿錢租禮服，才能美美地增加戰鬥力，順利出線，奪得了毛衣公主最後的勝利。

乾爸無異是我的第二個父親。

在新竹湖口念長安國小，班上多半是客家人，我這唯一外省妹雖顯得與眾不同，人緣倒是極好。班上有個男生，我記得姓羅，超愛罵人打人的，嘴巴吐出難聽的客家三字經，也不知是誰教的？我覺得非修理不可，否則這小子不知道長大會變得有多壞。團結力量大，就約好三個外省女同學躲在天主教堂門後，有一天看到羅同學路過，再一擁而上把他從腳踏車上拉下來拳打腳踢。從此以後，羅同學真的再也不敢罵髒話，也沒亂打人了。

當媽媽以後，有一次回長安國小開同學會沒碰到他，我問旁邊的同學，才知道：「他可能不敢來囉。」

我其實內向害羞，話也不多。只是不公不義的事，讓我無法忍受，這與生俱來的行俠仗義之心，再度發生在哥哥身上。那年，我念小二，和我很好的一個男同學居然霸凌我哥哥，把他逼到竹林裡去。

我也不知哪來的膽子，竟膽敢單刀赴會地去竹林救人，手叉著腰大聲問：「你們這些臭男生，欺負我哥哥，有種站出來。」看我兇巴巴的，他們只說一聲：「怎麼那麼兇！」也就一哄而散，然後一溜煙地跑了。

當下我覺得，人真是欺善怕惡，自己哪來的膽子，只因我不許任何人欺負我的家人及朋友。比力氣，我一個小女生也許使盡吃奶的力氣也是輕飄飄，鬥不過臭男生的，但比勇氣，我內心澎湃如風嗚海嘯，沒有在怕的。尤其看不得親人受欺負，凡事可以講道理，動不動就暴力以向，真的不修理不行。

因為貧窮而自卑嗎？我完全沒有。聲音透著響亮，臉蛋紅噗噗，腳步也輕快如蝶，並不曾羨慕「另一國」，也沒有憂傷要找異性傾吐。在花樣年華就已得到花漾的傾慕，愛情事業都如意，根本沒有傷春悲秋的機會。

今天要聽〈海上花〉

是這般柔情的你，給我一個夢想，徜徉在起伏的波浪中隱隱地蕩漾，在你的臂彎。

是這般深情的你，搖晃我的夢想，纏綿像海裡每一個無名的浪花，在你的身上。

睡夢成真，轉身浪影洶湧沒紅塵，殘留水紋，空留遺恨，願只願他生。昨日的身影能相隨，永生永世不離分。

是這般奇情的你，粉碎我的夢想，彷佛像水面泡沫的短暫光亮，是我的一生。

乾爸為我買的紅色夾克，以及人生的第一顆蘋果。

今天要讀王爾德

心中要有愛。沒有愛的人生就像沒有陽光照耀的花園，花朵都死去。愛與被愛的感覺為人生帶來溫暖與富饒，別無他者可及。

奪得了毛衣公主最後的勝利。

4 ═ 硬漢一柱擎天，爸爸的四滴眼淚

閉上眼穿越過去，就能感受眷村戶戶相連的氣味和吵雜，想著我家的老爹老媽，想著古老鐵窗格、木板床、燒餅火爐、綠豆湯冰棒……，不知怎麼就紅了眼眶。回不去了，那些大人喊小孩叫的村落氣味。這裡兩三年就發生一次火災，據說是因為土地徵收，真正的原因，不可考，也不知是真是假。

貧寒出身，早知世上苦人多，並不期待自己一帆風順，但希望碰到人生難關要掉淚的時候，自己可以是能施力反擊的對手。我要以爸爸的硬漢精神為榜樣，挺起腰桿向前行。

記憶中，撐起一個家的爸爸只落下四次眼淚，第一次，是小弟掉進河裡，發

生意外的那一天，夜晚好像特別長，四處暗然無聲，爸爸盯著草蓆下，已失去氣息的骨肉，號啕之聲穿越山谷，敲擊著守候在河邊的我們，各自揉著紅腫的眼眶，無言以對。

號啕聲漸漸稀微，換來更揪心的低聲哀泣，泣在心中，滴出血似的。我還小，但爸爸的眼淚，爸爸的低鳴、爸爸的悲傷，形成童年的顫慄，好怕，好怕所有的惡夢重新再跳出來一次，若是這樣，我們一大家子要怎樣去承受？

往後的許多年，走過任何一條溪流，腦中就不由得浮現出爸爸、弟弟、田埂和漂在河裡的那個臉盆，像是張著一張嘴，無助的、哀哀的喊：「姐姐，姐姐，救我……救我！」可是當時我們這幫兄姐在哪兒？其實我那時也才六歲。

小弟走的時候還那麼小啊！不到三歲，說話都說不清楚，只會哥哥姐姐的喃喃喊。爸爸媽媽日夜思念，就決定再懷一個孩子，小我八歲的妹妹熊秀珍因此呱呱墜地來報到。爸爸那時在新竹長安裝甲兵救護站當救護車司機，聽到媽媽喊肚子痛，趕緊開車往中壢醫院跑，小女生漂亮來到人間，我調皮的隨口說：「我是秀慧，妹妹就叫秀珍好了。」

爸爸也點頭同意，就決定了這個名字。哪裡想到，秀珍那麼會長，長到一百七十一公分，還比我高三公分。妹妹因此總是嘀嘀咕咕：「姐，妳幫我取的什麼名啊？我長得這麼高，難道我這輩子到了八十歲還叫秀珍嗎？」

妹妹尚抱在懷裡牙牙學語，家計負擔更沉重。爸爸烤燒餅，媽媽燒柴升火，爐火很燙，煙薰了眼睛，抹一抹，繼續做。我則「快遞宅配」，送到軍中福利社，因為太好吃了，常常半路被「攔劫」，還沒送到福利社就被買光，一天來來往往跑三次。

硬漢第二次掉下的眼淚，滴在已成焦土廢墟的瓦礫上，來不及擦就立即乾涸，像苦水自己吞，外人不知道。有遠見的爸爸覺得小孩待在鄉下機會比較少，一定要到大城市才有更多出路，所以爸爸費盡心思想盡辦法，托老鄉叔叔把一間小小的違章建築分期付款賣給我們。位於信義路三段五十六巷、國際學舍旁邊，也就是現在的大安森林公園、地下停車場的入口處就是當年五十六巷巷口，我家就在停車場上方。現在每次經過這裡，都有我滿滿的回憶。

新竹長安雖是鄉下，但是至少有一個爸爸親手搭蓋的廁所，當爸爸把媽媽「騙」到台北來，我們多興奮啊！要搬到台北這個大城市囉！沒想到，一進大門，看到的是如此窄小的違章建築時，媽媽臉色立刻大變。

無奈的，一家六口就擠在這房子裡，最可怕的是沒有廁所設施，對於我們女生非常不方便。

因為媽媽天生的殘疾，我每天早上要幫忙倒尿桶，真是最難忍受的一件事，因為弟弟妹妹都還小，這艱鉅任務就交給我了，當時我是青春美少女耶！端個尿桶出去，在我幼小心靈真是難以跨出門的一步，但是時間一久，也習慣了。

我們在國際學舍旁邊的住家，有兩層閣樓，樓下客廳擺一張餐桌就滿了，旁邊空出一個小間擺上下舖當臥房，後面是廚房。廚房狹窄，沒辦法轉身，連一支能稍稍緩解酷暑的電風扇都沒有，赤熱恣意撲面，炭爐烘得滾燙赤熾，媽媽揉麵、爸爸鏟餅，我這小鬼頭添炭，一家人在爐前看著火星紛飛，吐出朱紅的火舌。是勤奮、沉穩與堅毅，固守工作崗位的表徵。

酥餅噴香四溢，爸爸總遞一個過來讓我解饞，這時候，不禁想起童年拿燒餅到軍中福利社去賣。阿兵哥嚼著渾實有咬勁的老麵，蔥花和炭味簡單淳樸，愈嚼愈甘香。賣餅女孩（就是我）彎彎的瞇瞇眼，流出盈盈笑意：「哥哥，多買一個吧？好吃喔！」

整間屋子有蟑螂爬過的足痕，細微到看不見，但我確定它是，老鼠應該也來拜訪過，桌巾一角有怪味，終年飄散，洗也洗不掉。斑駁的書桌是爸爸自己釘的，斜歪著我們上學的課本，放食物的木頭櫃子，泛起一層油跡，碟子總裝有捨不得丟的隔夜菜。冰箱有過期的罐頭，媽媽知道吃了會肚子痛，但就是沒有立即丟棄。忍了再忍，留了再留，逼不得已才丟掉。

那段日子，總見媽媽在摺衣服，而衣服總又散落四方。「媽媽，我幫妳。」我的小手越過衣服洗後的清香，把它當有趣的遊戲。家裡沒有衣櫥，爸爸在甘蔗板牆面釘上釘子，我們的衣服就掛在釘子上，整面牆掛的全是衣服。

剛搬來的第一年的一個傍晚，正在吃晚餐，聽見外面大喊：「失火了、失火了！」，我們衝出去看，大家都在搬東西往外跑，有人搬瓦斯桶，因為這是最危險又會引爆的危險物品，熊熊烈火眼看就要燒過來，消防車到達了，可是巷弄太小，車進不來，只能拉水線，當時一片火海，先把殘障跛腳的媽媽帶到巷口，一家人太驚慌什麼都沒拿（其實太窮了，沒什麼好搬的，窮到連電視也沒有）。幸好燒到一間廟，火就停止了，真是不幸中的大幸！自此之後才知道，這裡經常發生火災，真是太可怕了！

那一年，我念世新二年級，穿著一條花裙子跟同學去游泳，游泳完開心坐著

0東公車回家，在路口看到大批警察指揮交通，不准公車右轉，一部警車橫在路中間，道路已封鎖，我就感到有點不尋常，心裡頭慌慌的，巷口一碰到鄰居，她就著急又驚慌的對我喊道：「秀慧，妳家已經燒掉了！」

怎麼又燒起來？就在中秋節下午，祝融大神為什麼一次又一次的侵擾我們，這一次終於不放過貧窮的我們？抬頭望，遠遠看到濃煙密布，天空一團烏黑，瓦斯桶也成堆的放在巷口，場面混亂。驚慌中，腦子開始不停閃，第一個閃到很少出門的媽媽：「媽媽會在家裡面嗎？」我睜大眼睛四處找，也急急往前跑，就見妹妹秀珍過來抓著我的手臂，淒厲的喊：「姐姐，姐姐，我們家已經燒掉了。」

隨著妹妹的喊叫，我突然對著巷中灰濛濛的水泥牆發了一會呆。它高矮錯置，隔幾年重漆，還是新不起來，看來有點像固執。陳年斑駁的電線杆、坑坑巴巴的馬路，還有生鏽的鐵門，黑牆冒出的野花也都無聲地留在它們的位子，火神會掠過嗎？

邊狂奔回家，邊用眼睛瞄到妹妹的懷中抱了一包不知是什麼的鼓鼓的東西。「我看看，妳拿什麼？」我問，妹妹上氣不接下氣的回說，是媽媽交代要放在一樓破沙發下面的戶口名簿、身份證，還有現金。「被燒怕了，媽媽說要先準備好，有火燒起來，抓了就往外跑。」妹妹給我看：「錢在這，大概只有兩千塊錢，姐，我搶救出來了。」

真沒想到，聰明媽媽的未雨綢繆還果真派上用場。碰到危機，我反而更冷靜：「媽媽腳不方便，很少出門。怎麼辦？沒有看到媽媽，媽媽在哪兒？」我和妹妹簡直快瘋了，屋前屋後瘋狂的找，半小時後，遠遠看見媽媽從巷口一拐一拐的走進來，原來，媽媽正好跟鄰居出門到桃園去吃拜拜，幸運地逃過一劫。真是阿彌佛陀。

為什麼整條街都著火？那些天，街坊鄰居交頭接耳的猜來猜去，應該是為了舊屋改建而有建商違法放火，也不知這小道消息是不是真的。

雖家徒四壁，大火燒來，整個巷子也拚命灌水，搶救僅有的細軟。虧了妹妹機靈地抱走文件，我那個遠在馬祖當兵的哥哥，恰巧休假回台灣，居然氣定神閒，一點都不慌張，真服了他。大家狂喊救火，亂成一團時，他穿著軍人最常看到的寬大四角褲，口中喃喃念著：「還早……，」待在沒有冷氣而悶熱的閣樓上，好整以暇的整理他的寶貝集郵簿。

「快跑啊！」隨著沸騰的人聲，哥哥方才淡定地下樓逃命，本來想說，家裡最值錢的是電冰箱，哥哥想扛冰箱卻扛不動，只好捨棄家當，手裡抱著寶貝集郵簿緊緊不放，連證件及軍服都來不及拿，打著赤膊就這樣跑出火場。

家園被燒毀，何處安身？爸爸騎著腳踏車回來目睹一切，差點昏厥過去，等冷靜下來，馬上想到晚上睡覺的問題，連夜把我和媽媽、妹妹三人帶到永和湖北老鄉家暫時住幾天，叔叔在市場開雜貨店，過年的時候，我會到這裡幫忙賣東西。但是寄人籬下感覺很奇怪！才住了一晚，我就心繫住在瓦礫中的爸爸和大弟，第二天就跑回去和他們住在一起。爸爸不知去哪兒找來了一個上下鋪和一張躺椅，而我幼小心靈中，爸爸獨自一人單手騎腳踏車，一手扛起一根長的木樑，那情景深烙在我腦中，我偉大、堅毅不拔的爸爸，你真是太……厲害了。

大弟睡上鋪，我睡下鋪，爸爸則半坐在躺椅。不料，老天卻在此時下起了大雨，我們三人睡在露天下，淋成落湯雞，半夜還被蚊子叮咬，一夜不成眠，只好坐起來聊天。我們跟爸爸說：「房子燒掉了，太好了！沒書本沒制服，明天不用上課了。」誰知注重教育的爸爸卻嚴正的說：「明天照常去上課。」

當時弟弟念成功高中，火燒當天，他穿制服下課，所以沒有制服的問題，而我則由同班同學的媽媽送我一件白襯衫、黑長褲去上學。因為我個子高，送我的長褲我把它當作七分褲穿，很時髦喔！

無家可歸、餐風露宿的滋味，應該就是這樣吧！守著廢墟重建家園，木工、電工與水泥工的苦力都難不倒爸爸，他左手扛著一根比人還要高的大柱子，右手扶著腳踏車前桿，搖搖晃晃、微微顫顫，汗水溼透了布衫，自己一個人獨立騎腳踏車運送材料蓋房子。

我忘不了爸爸騎腳踏車的單薄身影，以愛和毅力，從打地基開始，叮咚叮咚、劈哩啪啦，不眠不休的敲敲弄弄，沒有任何人幫忙，就一個人逐步完成我們簡單的新家，雖然，新家只有用木板隔間。不過，起碼能遮風避雨，一家人不用再漂泊。

記憶中第二次看到爸爸掉眼淚，就是躺在躺椅上痛哭。因為家中變故，缺乏睡眠、營養，再加上大量耗損體力精神以及接下來的經濟壓力，可能免疫力下降，得了急性風溼關節炎，完全沒辦法走路。

看著掩面痛哭的爸爸，我心碎了，向對面收破爛的叔叔借了一輛拖板車把爸爸推去醫院看醫生。爸爸哭著說：「怎麼辦？我痛到不能走、不能工作，一家六口生活怎麼辦？」我當時也茫然了……，所幸老天爺長眼，給了熊家一條生路，爸爸雙腿被醫生治好了，沒有繼續惡化，一段時間後他又能回到工作中。

後來我去中山北路的「榕榕園」餐廳打工，賺錢貼補家裡，可是也因太累，免疫力下降，得了腰部帶狀疱疹，沒想到這麼痛！尤其跑外場當服務生，圍裙綁在腰上更痛……讓我更體會爸爸嚎啕大哭時，身體、精神上所受的折磨有多大。

只是，我們還太小，十七歲而已，無法完全體會爸爸的痛苦，而現在我懂了！

第三滴淚，滴在湖北老家傳來的喪禮消息，我奶奶早就走了。自兩岸相通，爸爸託付老鄉回湖北找奶奶，企盼再能見到戰爭阻隔的親人。

還鄉路遙不可及，誰能先去，就託誰找親人。憑著記憶，爸爸曾幫奶奶畫了一張畫像，這是母子最後的聯繫。偏偏，頑皮搗蛋又無知的我，在畫像上幫奶奶畫兩條大鬍子。其實我一畫完就後悔，以為少不了挨一頓鞭子。沒想到，這次爸爸沒責罰我，逃過一頓。但當時爸爸心中一定很難過，我看他痛哭，卻捨不得打我們，十七歲離開湖北老家就未再見面，爸爸為思念親娘而痛哭一場。

爸爸的最後一滴眼淚，是到了民國六十八年，蔣中正老總統逝世，舉國哀悼，全民披上黑紗，爸爸這忠貞愛國的老兵，當然也滴下了偉人遠走送行的男兒淚。

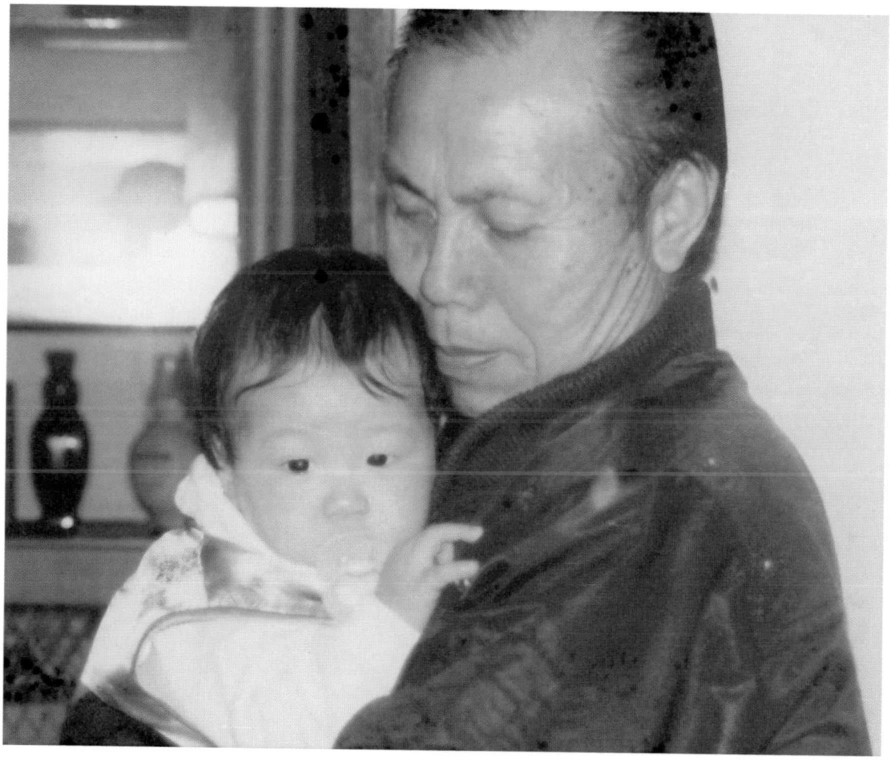

因國一的時候遭受祝融之災，家中所有照片都燒掉了，只有這一張生完小兒子之後，爸爸和外孫的照片。

為人母後我更明白，父母還在世時，只要爸爸有事要講，就讓他多講講，媽媽碎碎念，就讓她多念念吧。因為多年之後，一旦他們都不在了，我就永遠都聽不到他們的聲音了。

今天要讀三毛

生命真是美麗，讓我們珍愛每一個朝陽再起的明天。

我親愛的妹妹秀珍。

5 ＝ 養親不如顯親，兒女成材是父母的驕傲

風雨飄搖、國共對峙雖然已是遙遠的事，但反共大陸的號角深深響在每個老兵心裡，沒一刻忘記。

爸爸不算壯碩，手臂卻彷佛永遠有千鈞之力，扛起了整個家庭的樑柱，從沒有喊過一聲苦或一聲累，要他退休後好好休息，對他發脾氣，還是擋不住一直做、一直做，像陀螺一般不肯停下來。明明可以畫畫寫書法、拉胡琴的悠閒安度晚年，偏偏非固執的去開幼稚園的娃娃車，還到餐廳收盤子幹苦力、到拖吊車廠當管理員，日夜辛苦賺外快，也不照顧身體，使我非常生氣，有一陣子以不理他來抗議。

不過，根本沒效，他照樣埋首做他的，勸也勸不動。戰亂帶來物質的不安全

感及對未來的不確定性，好幾位鄰居伯伯都把細軟打個小包帶在身上，說是「砲彈打來，隨時逃難。」而像爸爸「活著一天就做一天」，其實並不是特例。

「爸，拜託你不要再做了。」

「秀慧，乖女兒，雖然我退休了，閒著沒事會很無聊，也容易生病」額上一絡白髮，畫面一如最高解析度的螢光幕，在我腦中一再播放，從沒有磨損過。

顛簸、逃離、舟車勞頓，循線探索了我們血脈的來處，才知爸爸從對岸渡台的腳印，多麼沉重。爸爸過世已十五年，我常在巷口看見一位背影很像他的老人，情境如同〈痴痴的等〉歌詞：「看清楚掠過的影子，才知道是一位陌生的人。」

爸爸，我想您。十年生死兩茫茫，不思量，自難忘……轉眼十五年過去，爸爸的身影仍不時出現在腦海中，老爸似乎並未走遠。大愛無言，靜靜地，剔透晶瑩，更顯出愛的深與重。從小愛哭，爸爸總抱我在懷裡，哄啊哄，搖啊搖，用溫暖的大手幫我擦眼淚：「秀慧，不哭，不哭。」淚乾後，猶戀著爸爸溫暖的體溫，久久才矇矇睏去。

小女孩隨著四季更迭，讀完國中後上五專，再入社會，像時下討生活的年輕人，既無背景，也無權勢，面對千萬種的挑戰，只能以堅韌迎接，不容許自己軟弱。所以，再也沒有哭過，一切要解決的困境，皆微笑以對。

笑久了，好像就變強了。

此刻，以回憶佐字，憶到爸爸劬勞一生，還未等到子女奉養晚年就已撒手人寰。尤其是我的婚姻觸礁，給爸爸太大的打擊，擔心、氣惱與對女婿的失望，這些揮之不去的負面情緒，使爸爸四個月不吃不喝，一年後，就離開了我們。真是讓我們痛心疾首。我這不孝女的眼淚，又成串成串的滴落下來。謝謝爸爸沒有讓我的青春期有任何動盪，貧而不寒，窮而不苦，我們全家一起擺脫社會底層，靠的是一雙手。

二十一歲世新畢業後立刻進了華視，二十三歲出唱片，瘋狂做秀兩年，用爸爸的名義買了一間房子。這是我對生我養我育我的父母唯一能做的。以前，是父母撫養我長大，省吃儉用，我賺錢後只有這個能力為他們買一個不會漏水又有電梯的房子，這是唯一能報父母養育之恩的方式。

承父母言教與身教，家教有方，我孝順又聽話，用爸爸名字買房置產，一家人得以安定居住在安居街，開啟脫貧第一步。賺十萬，拿回家七萬，平均是這樣，直到我離開秀場，奉養父母的心意與額度都有增無減。

養親不如顯親，兒女成材是父母最大的驕傲。兄弟姐妹在事業的表現比自食其力還要略勝一籌，給予熊家增了光采，足以告慰先人在天之靈。我被認定是「賺很大」的藝人，這個社會既定的印象扛在我肩上，心甘情也願。從小為了幫助家計以減輕父母的經濟負擔，我國一時第一次到烏魚子工廠去當臨時工，然後又到火柴工廠去做包裝女工，當時我也不過才十三歲。

「爸爸不是人，是神。他哪來的力氣？」家中遭祝融之後，靠自己一個人修房子、肩扛柱子的身影，悸動著往後每時每刻，總清晰如昨。每當它浮現腦際，我就一度又一度發誓，一定要帶熊家脫離貧窮，報答父母所受的苦難。

爸爸，女兒做到了。

日子最困難的時候，爸爸胸部長出一個硬塊，去榮總切片檢查，我們都很擔心。有一天，我聽到爸爸低聲跟媽媽商量：「我如果生病，孩子怎麼繳學費讀書？坐飛機買保險，是不是有理賠？」爸的意思是，飛機掉下來，孩子可以拿到一筆補償費，就不愁學費了。聽在兒女耳中，很荒唐，也很悲愴。

還有一次，爸爸居然去打聽賣血換錢養孩子的事，全天下沒有比這聽來更心酸的故事了。這就是我爸爸，他守護子女總像大柱般挺直，日也工作，夜也加班，就嘆二十四小時的牛馬勞力不足以餵養孩子長大成人。「我想成為一個家庭的支柱，做個好父親、好丈夫。無論日子多辛苦，我都要盡到照顧你們的責任。」爸爸的家訓是，男人必須做家庭支柱，一柱擎天，好 Man 呀！

在爸爸經歷的那個年代，一定發生了什麼。好幾次，爸爸的嘆息很沉、很長，跟媽媽壓低聲音講好幾次「回老家」。我聽不真切，想來就是回湖北找親戚吧！少小離家老大回，親人見面必又淚汪汪了。

在簡陋的家為我掛起軍用蚊帳，我記得是墨綠色的。爸爸的軍用汗衫也是墨綠色，耐粗活的髒。乾麵粉落在軍用汗衫上，見證爸爸做麵食的迷人手勁，包子、饅頭都包得齊整方正，像他的為人。

騎單車的帥氣爸爸一手握住駕駛桿，一手會提東西回家。有時候是草繩綁起的大西瓜，有時候是一袋。放下東西，爸爸從缸裡掏水洗臉，把汗臭洗掉，粗壯的手臂被太陽晒成兩截，脖子上擦汗的毛巾已變黃黑色，用肥皂洗、放在太陽底下晒，薄得像層紙。

三 今天要讀毛姆

要記得在庸碌的物質生活之上，還有更為迷人的精神世界，這個世界就像頭頂上夜空中的月亮，它不耀眼，散發著寧靜又平和的光芒。

自己設計的第二張唱片白色海軍裝造型。也就是後來我幫韓市長造勢場上所戴的「船型國旗帽」靈感由來，我覺得自己很有設計服裝的天份。

6 ＝ 母親妳在何方

時間沙漏不斷地翻來覆去，跟親人告別後的思念，深沉地在日日夜夜竄出，再也看不到，無論如何嘶聲厲喊，狂奔追尋，真的只能在夢裡相見。不真實，卻又是事實。那襁褓的奶香、少女的結辮，還有對我嫁為人妻的牽掛，不知她的那顆心懸了多少事？

媽媽今年六月份辭世至今，想她，也想念那天的月光，衷心期待她能走進夢裡，讓我用一個眼神、一個微笑、或是一個擁抱，輕輕地告訴她：「一切都好。」我知道，天上的媽媽希望我勤奮自立，所以，服喪的日子，我仍然要打起精神工作……這就是我美麗又堅毅不拔的媽媽留給我的基因。

醫療不足的日據時代，媽媽在小學六年級時不幸罹患小兒麻痹，導致左腳殘障，走路一拐一拐的。行動不便之外，糧食也缺乏，打開便當，都是發臭的蕃薯籤陪伴每個午餐，承受著底層的心酸，直到兒女成人才稍稍喘口氣。

因受過日本小學教育，媽媽失智後，還會獨個唱日本歌，和自己用日文對話，唱不停，也講不停。我摟著媽媽，撫著她的臉頰笑著說：「媽媽，妳喉嚨休息一下吧！」

直到經濟充裕，媽媽才有機會出國旅遊，舒展長期的辛勞。當時，常識不夠豐足，竟不知道華航提供方便的輪椅，也不知輪椅族在日本迪士尼樂園其實受到照顧而毋需辛苦排隊，平白讓媽媽在長途中受了不少罪。

來到印尼峇里島，我記得媽媽看著火紅的九重葛，透出興奮的光采驚叫：「這畫面永遠忘不了，太美，太美的花。」

剛離婚那一年的母親節，媽媽問我：「妳老公呢？有沒有打電話祝妳母親節快樂？」我只好騙她說：「有啦！有啦！」當時我心如刀割，因為不想讓媽媽知道我已經離婚了。

受我離婚的打擊，心情不好，很快地爸爸就引發了癌症，後來得了肝癌走了。可是媽媽有失智症，完全忘記爸爸已經不在，有一天媽媽喃喃問我：「爸爸呢？去哪裡了？」重複又重複，那時候還算輕度。有一天，我和弟弟帶媽媽去石門水庫玩，因為下雨，一家人就先到安和路我現在住的地方坐坐，一進客廳，媽媽看到爸爸生前與小兒子的合照，立刻抱著爸爸的照片號啕大哭說：「走了，妳爸爸真的走了……。」

又有一次，我們帶媽媽遊宜蘭，參觀民俗博物館時，已發病的媽媽昏沉沉在輪椅睡了整個下午。至此，我們終於要接受媽媽失智的殘酷事實，媽媽已經忘掉我們了。收起悲傷總動員長照，住在隔壁的妹妹負起送醫院的責任，我們兄妹盡力陪伴，讓媽媽安享晚年。

有一次去醫院看媽媽，護士正在幫有糖尿病的媽媽清洗褥瘡，一揭開紗布，我猛一驚，才知滿是血的那瘡原來那麼大、那麼的痛。陪在臥床的媽媽身邊，我心裡很難過，卻無能為力。媽媽，請您原諒我，我都不敢看您褥瘡嚴重的傷口，這方面我膽子很小，怕自己當場控制不住的哭出來，讓您也更難過。

樓下美容院的善良老闆娘常來替媽媽剃頭、洗澡、剪指甲，教我用溼毛巾清頭皮：「妳媽媽是大好人，我不收錢，要讓熊媽媽舒舒服服。」弟弟則在媽媽六十歲時教媽媽念經：「妳好好修，這輩子來還債，下輩子就是觀世音。」

失智的媽媽住院一年九個月，漫漫的長照之路正往前延伸。「媽，我是秀慧」我憐惜望向重聽又已遺忘過去的媽媽，她空洞的眼神回望，然後把頭轉過來，輕輕靠在我身上，我知道，她還認得我。但是弟弟在耳邊聲聲呼喚，卻總是沒有反應……，睡睡醒醒，醒來又復睡，時間的亂流並沒把往事沖走。

永遠忘不了六月十七日，我從左營正要搭高鐵回台北和朋友開會，大兒子打電話告訴我：「外婆可能不行了。」連夜搭高鐵趕回家，路上不停地在心裡吶喊：「媽媽，等等我，等等我……」我趕到安居街媽媽家的時候，媽媽已闔上雙眼，還有體溫，我趴在媽媽的身上，不要讓溫度降下來。趴在媽媽身上，想起童年村裡常播放免費電影，用一塊白色床單當銀幕，放映機轉出許多故事，有一小姑娘唱起：「親娘想我誰知道啊，我想親娘夢中見呀！」

我哽咽的唱著。嘩嘩啦的淚如水龍頭、淌著汗水的面頰、掛鐘規律而安靜地低吟……一切的日常，心竟像被挖空一塊，尋著熟悉的那身影，覓著親愛的那聲音，卻無影也無聲……。我當時並沒有流淚，只認為媽媽長期臥床，插管、氣切、鼻胃管餵食、無法翻身而得到褥瘡的痛苦，終於得以解脫，也是好事。從此，離苦得樂，再也無牽掛。

媽媽辭世後，瞻望著歲月，讓我感慨這就是人生，誰也逃不掉的最後一刻，直到無比的苦難消失為止。六月二十二日，正是媽媽頭七那一天，家人為與世長辭的媽媽在南投中台禪寺辦一場法會，而我得站在台中造勢場上主持活動，兩件事都很重要，必須做一個痛苦的抉擇。想想很辛酸，也深信媽媽理解中華民國的重要性，會贊成我的使命與必須完成的工作，不會怪我的。

往事難忘，誠摯、柔軟又有力……媽媽是個大好人，任何定義的「好」都適用於她，畢生沒有對任何人有過絲毫的粗魯，淺淺笑、輕輕講。自己苦哈哈，卻對周遭的人掏心掏肺，慷慨以對。這輩子從來未曾口出惡言，總是堆著笑臉用台語讚美每個人：「沒壞，卡勢，水哦！」舌燦蓮花，在媽媽眼裡，都很厲害。輕聲說愛語，讚美成習慣。媽媽教我：「除了愛，還是愛……」媽媽在愛裡微笑，在愛裡呼吸，在愛裡繼續愛……。媽媽晚年身體很差，醫院進進出出，動過好幾次大手術，身體非常脆弱，病來病去之間承受莫大的苦痛，躺在病床上不能翻身，就睜大眼看著我說：「我絕對不能死。」聲音虛，可是很清楚。現在知道，媽媽，身為媽媽，她早已明白她之於存在更深層的意義。

女人真偉大。記起一個前輩說的：「在艱困的年代、窮苦的家庭，都是女人咬牙撐起，才有現在的台灣。」媽媽總教我「有儉才有底」，勤儉一輩子，現在我是無父無母的孤兒，感覺到至深的飄零而悲傷，雖然我已經是這個年紀。

失智後更沉默、更親切，晚年後面對一切都感傷，花很多時間哭泣，彷彿得要清除她生命裡曾經硬生生吞下去的所有苦楚。

端詳媽媽如巨星風采的照片，我此刻炫耀著她的慈悲。殘障媽媽所操持的勞務卻比正常人還加倍，一直到我念世新，還是要幫助辛苦的父親分擔經濟，一拐一拐的走路去人家家裡幫傭，早出晚歸，身子始終羸弱，半夜還要揉腳，減低疼痛。

過度的操勞，讓媽媽才六十幾歲就開始耳背，到七十幾歲，因殘障導致脊椎壓迫到神經開刀以後就長年坐輪椅，坐了十三年，最後昏迷送到加護病房後，臥床一年八個月，再次因為褥瘡嚴重而住院。

那天早上，我去看媽媽，她直盯著天花板上的日光燈，念著孩子和孫子的名字，一個個問仔細，半台語半國語。

感恩母親以其苦痛鍛鍊我的脆弱心志，緩緩地讓我告別過往，折騰又痛苦的子女辭親。謝謝媽媽把我生得這麼好，內在柔軟，外在亮眼，我在螢光幕前所有的表現，都要獻給不良於行，卻一生操勞的苦難媽媽。

整理媽媽的遺物，我把所有送給她的衣服拿回家，清洗後，整齊掛在我的衣櫥裡，媽媽穿過的，我要在衣服上尋找媽媽的味道，讓我覺得，媽媽還留在我身邊。媽媽為我縫製小洋裝的縫紉機，我也保留下來，永遠放在身邊，睹物思人，每次看到縫紉機，內心更加思念我苦命的媽媽。

媽媽生病後，感覺時日無多，開始「斷捨離」，斷掉已無用的陳年物件，捨棄積存已久的舊回憶，再離開熟悉的，免得麻煩下一代再花時間去整理，還要陪著感傷。老人家一腔心思都在孩子身上，想得多，就是希望不要拖累晚輩。媽媽只是睡著了……睡得很深沉！

幾年前，憂鬱症無預警來襲，我感到惶惑不安，想到媽媽，不禁學著媽媽卯起來斷捨離，丟掉了三萬字的日記及好多好多珍貴的照片，還有做明星時數不盡閃亮亮首飾，林林總總都是回憶。「一旦遽然離世，後輩整理起來多費事，還要傷心的睹物思人。」媽媽有苦自己嚐，從不給任何人添麻煩，向世界告別，也希望表達這樣的心意。

重點不在於丟耳環或棄箱篋，而是問自己，為什麼要丟？多麼痛的領悟啊！等我擺脫憂鬱症而康復，重新找到幸福快樂的當下，真的為自己過去斷捨得莽撞而感到無限後悔。

人生如果可以重來，我不再這樣失去理智而犯傻了。我知道，天上的媽媽希望我勤奮自立，所以，服喪的日子，我仍然要打起精神工作……這就是我美麗又堅毅不拔的媽媽留給我的基因。「珍惜」二個字，二十劃，自己勸人，別人勸我，總是把「珍惜當下」掛在口邊。一轉眼，幾十年過去，究竟學會了嗎？媽媽在世叫做媽媽，離世叫做不捨，現在叫做思念。見得到不想，見不了想夢，夢不見……想哭。我是永遠的小孩，要媽媽抱抱。

我苦命的媽媽，現在終於解除痛苦、脫離苦海了，雖然我留下眼淚，感覺不捨，但是我也為媽媽感到高興，所有媽媽的味道，我會日日複習，祝您一路好走，阿彌陀佛……。謝謝中台的師父和師兄們，特別從南投趕到台北，輪番助念阿彌陀佛佛號，整整八個小時，我的媽媽實在太有福報了，感恩再感恩。

溪風野大，車行顛簸，晃啊晃的，我忽然醒了過來，四顧茫茫惟有悲，看著棺木不停流淚，一路痛哭到底……。感謝您，媽媽，我最親愛的媽媽，永別了，願您在天國安息。

♪今天要聽〈母親妳在何方〉

雁陣兒飛來飛去，白雲裡，經過那萬里可曾看仔細，雁兒呀，我想問你，我的母親可有消息。

秋風兒吹得楓葉亂飄蕩，噓寒呀溫暖缺少那親娘，母親呀我要問您，天涯茫茫妳在何方，明知那黃泉難歸，我們仍在痴心等待，我的母親呀，等著妳，等著妳等妳入夢來，兒時的情景似夢般依稀，母愛的溫暖永遠難忘記，母親呀，我真想妳，恨不能夠時光倒移。

爸爸過世後，帶媽媽去聖地牙哥，在休息站路邊拍的照片。

一生節儉的媽媽，從來捨不得為自己買任何東西，這是我送給媽媽的兩件外套。媽媽走後我一直捨不得丟掉，至今還掛在我的衣櫥裡，見衣如見人。

第二部

我的事業

1 ＝ 半工半讀，我的少女時代不叛逆

「飄飄何所似，戀戀入凡塵」生命流注本無有阻隔，這一生會和誰相遇，有如宇宙般神祕難解，充滿驚奇與美麗。找回痕跡的同時，也可能錯置一些章節，熾烈的內在需要歸納。

從信義路到新生南路，是國中時到世新以前很重要的區域，充滿回憶，有家人的、更有讀書的。初到台北搭公車，四處新奇，最羨慕車掌小姐，神氣的剪下一格格的票卡，還可以威風吹哨子。

我從小功課不差，沒有歷經少女叛逆期，新竹搬到台北念金華女中，從前段坐到最後一排，英文程度趕不上，數學又沒錢補習，音樂課也很慘，五線譜完全

霧煞煞，一下子成績就像溜滑梯，飛快地滑了下來。

我既羞愧又氣惱，哭哭啼啼不肯再上學，任性一發作，就發脾氣鬧著說：「我要回新竹，回長安啦！」爸爸嚴肅的看著我，跟我好好講道理：「女兒，聽爸爸說，窮人家的孩子，不上學就更沒有前途了。」把我拉上腳踏車載我或牽著我的手，走過兩邊還有水溝的新生南路，陪我讀書，父女每天早上都在金華女中門口說再見。

熬到國中二年級，遇到吳銀順老師，這位影響我很深的老師，他教我數學兼班導，不但課外輔導我，還為了減少我學費的負擔，讓我照顧老師家中一對雙胞胎而不收我補習費，小小年紀扛起小褓姆責任，也是被生活所迫，情非得已。

金華國中畢業後考五專，我先是考取銘傳商專備取，但因為自己看到數字就頭痛，不是做生意的料，所以不喜歡商科，雖考取銘傳商專卻放棄轉而就讀耕莘護校。當白衣天使南丁格爾可以救世助人，符合爸爸對我們的教育及期待，沒想到，又發生一個小插曲，讓我當不成護士，才去念世新的。

當我考取耕莘護校要去報到那天，一位太太跟旁邊朋友聊天：「老師為了培養學生膽量，會叫學生一個人單獨到太平間去看一看。」我的媽呀！頭皮一陣發麻，絕對不敢念護校，所以，最後落腳世界新專編採科。還沒畢業，就被廠商相中拍廣告、也報考華視訓練班進入演藝圈，以致於畢業後沒編沒採，也沒去當記者。同班同學卜人美進報社，跟我最好的王韻華當了綜一唱片宣傳，嫁給歌手陳昇，另外最出名的就是明星李烈和模特兒麥小凡，兩位同學都超級有才華，長相也十分美麗。班上有四個同學身高一百七十六公分，我雖然是一百六十七公分的長腿姐姐，排名卻只到第九。

每天從信義路搭0東公車到公館，公車票一格格的，上車一次剪一格，再轉車到木柵溝子口，在世新通學五年。五專生都規定要穿白上衣與卡其色軍訓裙制服，家裡大火後，家當被燒個精光，不知生活陷入險境，居然還天真的喊：「書燒了，車票也燒了，哇哇！太好了，明天不用上學了。」

但，也只任性喊一喊，第二天卻不敢不上學。同學十塊錢、二十塊錢又募款又借衣服地送來愛心。我記得，當時大家都是窮光蛋，沒有人擁有第二套制服，因此只有同學的媽媽借我一件白襯衫與黑長褲暫時湊合，穿到學校被盯著看，心裡蠻難過的。

回到世新的第一年，就當選班長，坐在教室靠門口的位子，乖巧沉默，很少講話。有一個星期六上歷史課，學生也有些假期前躁動，沒有人在認真聽課，全班鬧哄哄的。老師放下粉筆，忍不住生氣臭罵我們：「你們根本都是一群愛講話的烏鴉，只有熊秀慧是黃鶯。」老師嫌學生吵鬧，就這樣打了一個怪怪的比方，恰不恰當，很難說，卻讓我不知不覺得罪了被罵成烏鴉的那一大群同學，他們哪肯服氣啊！我則覺得自己很冤枉，只因我是班長不能帶頭講話，當時還覺得這位歷史老師害我被同學嘲笑是「黃鶯鳥」。

魔羯座的我，從一而終，是個不好也不壞的算守規矩有分寸的學生，只偶爾翹過課、逃逃學，玩過了就乖乖回到教室認真讀書。英文程度跟不上，數學則弄不清楚邏輯，只好放棄。記得有位日文老師流裡流氣地對我說：「上課會頂撞老師，所以給妳五十九分。」這是什麼跟什麼啊？到了下學期又改變態度，反過來稱讚我很乖，上課很安靜：「給妳八十分。」

歷史方面，也記不住那一大串年代與人名，再放棄，倒是地理和國文很強，公民成績也高等。我打開地圖，像旅行一樣記住各國家、省份與城市，這個讀書方法，活潑易懂，長城跨越長江到蒙古、老家湖北簡稱「鄂」、廣東簡稱「粵」……這些知識都很好記。

說到翹課點名，世新學生沒有一個不認識外號「凸眼」的那位點名先生。他直挺挺地站在窗外，目光如炬的一個個點，一個學生也逃不掉。有一天，我和王韻華溜到新公園盪鞦韆、喝酸梅湯，就叫一位男同學幫忙上課簽名，這男同學沒腦子，幫我簽上「態秀慧」，好巧不巧，我爸爸那天來學校找我，一看就知道是翹課之後，同學代我簽的假簽名，居然把「熊」簽成「態」。

回到學校，主任把我拉過去警告：「妳小心點，妳爸爸剛才來學校找妳。」一聽，我皮皮挫，果然，爸爸拿著棍子及皮帶在等我，回家一頓扁：「為什麼那麼辛苦考上世新，還不好好讀書，還要翹課？」爸爸拿著皮鞭往我身上抽，手抖著，聲音也抖著問我：「好不容易考上世新，為什麼不好好珍惜，不認真讀書呢？」爸爸的眼神充滿不捨：「從大陸逃難到台灣，多艱難，想讀書也沒得讀，好不容易盼到兒女有出息，怎麼能翹課呢？」

大夏天穿短褲，腿上被皮帶打得一條一條的，爸爸氣得滿臉通紅告誡我：「自己逃難來台灣，只有初中學歷，所以到處被人瞧不起，沒辦法出人頭地，盼著熊家出個大學生。」自己犯錯就要認錯，我彆著沒哭，媽媽爬上小閣樓來，檢查我的傷痕：「爸讓我來看看，妳被打得得怎麼樣？」一條條皮帶印在大腿上，我卻倔強的沒有哭，因為我知道自己做錯了，爸媽那樣辛苦供我讀書，我卻翹課。

我念五專，不算擠進聯考窄門，好在弟弟爭氣，考進東吳大學法律系，當上神氣大律師，為熊家光宗耀祖、光耀門楣。世新每學期要一萬多學費，兄妹學費加起來可不是筆小數目。不忍爸媽為學費愁眉苦臉，那個年代的清寒五專生的命運就是半工半讀。就像我，不抓時間在課外打工賺外快，怎麼減低父母的經濟壓力？小小年紀就知世道艱難。

既靠勞力、也靠外貌，兩者兼顧下，我國中就開始打工。當時有一個爸爸的親戚在長安東路賣牛肉麵，趁休假的時候，每次給我五十元請我幫忙看店，多多少少自己也賺點零用錢。

從賣雜貨、工廠女工、端盤子到當臨時演員，都還做得有模有樣的。到中影文化城演路人甲與路人乙，臨時演員分大臨與小臨，一天工資兩百元，有任何台詞就加兩百元。有一次到華視劇展演丫環，端茶進到屋中，有一句台詞：「老爺，請喝茶。」就這簡單五個字，我卻全身發抖的講：「老……爺……請喝……茶……。」手上的茶盤跟著一起抖，發出惹人注目的奇怪聲音，超好笑的。

因為還在念書，只是臨時演員，客串過幾部古裝劇，當時的前輩龍隆曾經給我良心的建議是，我五官太過於立體，像外國人，個子又高，不適合演古裝，哈哈。我還當過林鳳嬌替身，是在台南拍一部瓊瑤愛情文藝電影，我的髮型、服裝和林鳳嬌一模一樣，片名忘了，只記得有一堆小朋友，我演的是老師。《花落水流紅》則和劉尚謙、周丹薇一起合作，那時高大帥的劉尚謙像現在的言承旭與金城武一樣紅，總有粉絲追著跑。

世新三年級的時候，我和王韻華結伴去中山北路知名的「榕榕園」餐廳端盤子打工。當時能夠進入這家餐廳打工的人都必須具備有大專院校以上的程度。我的記憶力很好，客人點的餐和座位，我從來沒弄錯過。

哥哥，演藝圈叫他「熊哥」，因家計貧寒繳不起學費而報考軍校，這是舊社會傳統的教育孩子模式，他的學弟韓國瑜也是這樣進入陸軍的，而後上進心大爆發，再考取政治大學東亞研究所。照中國時報社長王丰形容這所學校，可是當年錄取率極低的窄門，不是那麼容易進去的。

能說，韓國瑜市長不優秀嗎？

怎麼話題扯遠，扯到韓市長去了？回到熊哥身上，我從新竹長安搬到台北時，哥哥念楊梅埔心高中住校之後，就去念陸軍官校專修班。他從軍之後就離家，我們從新竹搬到信義路狹小破舊的違章建築，一家五口擠在不到十坪的閣樓，熊哥因在外求學都沒有擠過。

放假回家，巧的又碰到大火燒屋，他對舊屋的記憶應該只停留在那幾本淡定又鎮定的逃離火場時所帶的集郵簿吧？全天下也只有他，火燒眉毛了，都還慢吞吞地說：「不急」，真服了他。

我選擇考五專而半工半讀，爸爸認為女孩這樣的學歷算是差強人意，只要不逃學、不翹課，順利拿到文憑就足以安慰了。熊家出個光宗耀祖大學生，就寄望從小品學兼優的熊弟，他不負眾望考取東吳大學法律系，現在是傑出的律師。比較起淡定大哥，熊弟可是超級有想法，有一陣子還想出家當和尚。但因為已結婚生子，被我強力阻止才打消念頭。

我妹熊秀珍也不是蓋的，從小就是模範生，獎狀貼滿整面牆，正好當做簡屋陋室的牆壁裝飾。大學畢業後進入職場開過傳播公司，寫劇本拍戲當過製作人，一路上，我這個做姐姐的都無條件全力在經濟上支持她。現在她自己也當老闆了，我心中的一塊大石頭終於也放下來了，總算對天上的父母有個交代，之前她也曾經幫助我度過憂鬱症，我也非常感謝她。

今天要讀簡媜

珍惜你的生活，珍惜你的人生，珍惜你生命當中的喜樂。沒什麼好害怕，只不過是有去無回的人生。

今天要聽〈傳奇〉

只是因為在人群中，多看了你一眼，再也沒能忘掉你容顏，夢想著偶然能有一天再相見，從此我開始孤單思念。

想你時，你在天邊；想你時，你在眼前，想你時；你在腦海；想你時，你在心田。寧願相信我們前世有約，今生的愛情故事，不會再改變，寧願用這一生等你發現，我一直在你身旁，從未走遠。

王韻華是我念世新時的死黨，後來經我介紹進入唱片公司，因而嫁給了當時的製作人陳昇。

2 ＝「嬰兒肥」新人，闖銀河

二十一歲那年，我從華視訓練班畢業，開始上電視當簽約歌手，不巧碰到中華民國退出聯合國的非常時期，綜藝節目被要求配合低迷的氣氛唱淨化歌曲，包括〈中華民國頌〉、〈一樹桃花千朵紅〉及〈梅花〉等歌曲，歌手都要立正站好，衣著樸素的大合唱，共體時艱。

第一次上電視綜藝節目，就是由十六個新手合唱愛國歌曲，一人分配到一句，一個鏡頭，輪著唱，讓我們有了初試啼聲的機會，處處都感到新鮮，也充滿希望。

攝影棚裡，那麼多前輩盯著我們這群菜鳥，我們十六個人，全部都怯生生地直視前方，畢恭畢敬地唱，動也不敢動。就在唱得渾然忘我之時，突然，二樓副控室跳下來一個精幹的身影，攝影棚燈光很強，我都還來不及看清是誰的臉，就先聽到一個猛暴的聲音傳來：「這個臉胖胖的，電視機都快裝不下的那個胖臉女歌手，是誰啊？」

後來我才知道，導播陳烈人如其名，個性有點剛烈，他指的小胖妹，就是我。

其實，我當時也沒有感到很丟臉，就只是覺得，自己有「嬰兒肥」就是個事實，年輕嘛！滿臉膠原蛋白，一個新人嘛！要學習的事情太多，導播罵一罵，我們就自我檢討，多多改進就好囉！而且以我的個性，也是「事情就這樣，已經發生了，不然要怎麼辦？」，笑笑就過去了。後來慢慢瘦下來，還是美女一枚。

事實上，初進影劇圈的人，也難免沒自信。世新還沒畢業，廠商就來找我拍「波蜜果菜汁」和「褲襪」這兩個廣告。我當時還傻傻地跟廠商搖搖頭說：「你們可能找錯人了，我腿粗粗的，人又胖胖的，並不適合拍廣告啦！」

廠商回說：「沒找錯，就是妳。」要我趕快去準備服裝。剛從學校畢業，世面沒見多少，口袋更是扁扁的，我哪有漂亮衣服可穿啊？那時候，衣櫃有什麼穿什麼，老氣的長裙也往身上套，妝髮哪有人管啊？全部DIY。話說回來，開麥拉既已經等我了，沒時間再胡思亂想了，只有趕快準備，也沒有人可以教我要怎麼

剛和前夫進入熱戀，也同樣是電視臺新人的我，嬰兒肥的模樣。

這是我拍的第一支波蜜果菜汁影片，我在其中飾演姐姐，是一支大堆頭的廣告。

準備，直覺上，褲襪廣告就是要露出大長腿，必須穿短裙，這個錯不了。

於是，急急找裁縫幫我做了一條白色迷你裙，配上現成的T恤就上工。結果，廣告空前成功，廠商滿意極了！說到底，我認為功勞最大的，不外是那一條迷你裙，它陪襯了我的美腿，也穿出了特別的時尚。從今往後，迷你裙就是熊海靈的標記，想到我，就想到長腿。

在那個保守的年代，很少人敢穿那麼短，我傻傻的往前衝，根本來不及顧那麼多。爾後的許多年，我拍照、拍戲，都是性感的，大家習慣這樣的我，我也落落大方地展示父母給我的好身材。朋友見我，都說，我完全沒變，腿依然長，臉依然巴掌大，體重無論如何上上下下，臉與腿，這兩樣重要的「零件」自始至終沒走樣，乖乖的跟著我闖銀河。

〔川〕今天要讀綠川幸

如果時光可以倒流，我還是會選擇認識你，心中的溫暖記憶是誰都無法給與的，謝謝你來過我的世界。

3 ＝ 絲襪與毛衣，進軍舞臺的吉祥物

由童年邁入青春期，時間像變速腳踏車，飛也似地往前跑，熊家的黃毛丫頭漸漸長大了，要見世面了。外型洋派，看起來有點凡事不在乎的酷與野，其實我的青春根本沒有叛逆與動盪，凡事順著時間走，是父母以身作則、恩威並施調教出來的乖小孩。

懂得害怕大人的孩子其實有家教，也講規矩，比較不會變壞。一輩子沒膽子作怪，只敢偶爾翹翹課，再愛漂亮擦指甲油，爸爸眼光一掃過來，我就趕緊端起茶杯把指甲遮起來，深怕被發現又被責備。

絲襪與毛衣是我進軍表演舞臺的吉祥物，由這兩樣國產時尚先驅，開啟漫漫星途。廣告處女作「波蜜果菜汁」由四位廣告明星扮演爸爸媽媽和小孩一家四口，

一面奔跑一面喝果汁來展現活力。我演姐姐，特寫鏡頭的嬰兒肥很明顯。「波蜜果菜汁」拍完一陣子，這份模特兒資料無意間被天使牌褲襪廠商相中，打電話來邀約試鏡，一試成功，延續我的廣告明星生命。

當時，我壓根兒還沒開竅，面對如此大好機會，卻又跟第一次一樣傻傻的，拚命講自己的缺點來拒絕：「你們找錯人了。我胖胖的，腿粗粗的，醜醜的，不適合啦！」廠商卻契而不捨的想辦法說服我：「來啦，就試試看嘛！」

當年可沒有「造型師」與「妝髮」這類厲害的專家幫忙打點，廠商把產品拿到現場，導演導戲，攝影取鏡，其他萬事不操心，全由模特兒自己搞定。怎麼穿衣服，長髮或短髮，任我自由發揮，沒有任何人給意見，是對是錯，無從知曉，就摸索，再摸索，直到有一刹那，感覺味道出來了，可以擺脫青澀與土氣了，嶄露頭角的腳步也近了。

想來也不可思議，這樣重要的產品代言，廠商也真夠放心的，居然敢讓我這菜鳥自己穿搭，好在，我的長腿為褲襪加了分，榮星花園完成的作品也沒有令厚愛我的廠商失望。

那時代，褲襪被一般女人視為奢侈品，也是盛裝打扮的重要配件，勾破了捨不得丟，還要再拿去補好繼續穿，哪像現在隨手一丟的不當回事？電影院大銀幕上，唱完國歌就播我的褲襪廣告，強力放送好一陣子。

其實，從小到大，我從來沒有做過明星夢，拍完廣告，眼見自己也快畢業了，有家要養，千萬別畢業就失業。於是，我自動自發回歸平淡找工作，腦子裡終日盤算快快賺錢，減低爸爸媽媽的辛勞。

我沒想要做明星，星運卻自動來敲門，開啟總有些波折。一位香港導演拿著支票要簽我拍戲，但是，必須「稍稍犧牲」。不用問，爸爸絕對不會答應的。所以寧願捨棄高額酬勞，改到陽明山做電影小場記，賺辛苦錢。沒有遺憾，反而感到幸運。

沒想到，就這樣巧，一位選毛衣皇后認識的朋友邀我報名華視訓練班考試那天，竟然就和電影拍攝的場記工作撞到期。答應人家的事可一定要做到，怎麼辦？和我同坐遊覽車到陽明山拍戲的一位武行看我著急，就安慰我別急：「當然要去考華視訓練班，否則會錯過大好機會。」

「可是，我不敢跟導演說耶！」已經答應導演當場記，支票也拿了，怎可黃牛？心頭緊張得像優人神鼓般咚咚地響，這位武行替我出主意說：「那我幫妳問導演。」武行見義勇為替我去請假。佛心導演好好喔！立刻找人代班准假，叫我趕快去考試。我跳上公車，飛奔到華視，結果，歌唱和戲劇兩個班雙料錄取，榜上有名。

歌唱與戲劇兩個班同時拉我加入，拉來拉去的，正在難以抉擇的時候，早我一期的明光學姐以過來人經驗分析給我聽：「唱一首歌，至少三分鐘獨立表演，鏡頭集中在一個人身上，戲劇卻是大堆頭，演員一開始演丫鬟，要演到什麼時候才熬出頭演女主角？如果沒有給妳一個好角色，那就永遠都很難出頭天了。」

這一聽，豁然開朗，的確滿有道理的啊！於是，我選了蕭麗珠的〈楓紅層層〉和胡立武的〈水悠悠〉報名歌唱班，也不知少了哪根筋，這麼多歌不去選，非選非常難唱的？我自己也覺得唱得好爛，難聽極了！走音都不曉得。沒想到，詹森雄與葛士林兩位評審卻很賞臉，給我高分過關，一塊報名的林同學反而因身高不夠而名落孫山。

選擇留在歌唱班，學了歌唱技巧和化妝等基本項目，畢業後成為華視簽約歌手得以在綜藝節目露面，開啟歌星的第一步。那時剛好碰上中華民國退出聯合國的一九七八年，社會氣氛低迷，我們這批新秀只被允許立正站好唱淨化歌曲。

上電視及選美都需要漂亮衣服。人要衣裝嘛！總不能土裡土氣的。沒錢買怎麼辦？就一個人坐車到新竹找乾爸借錢。裝甲兵學校一片漆黑，我穿過樹林走在小路上，風在耳邊呼呼地吹，害怕極了。

借錢之外也借衣服上舞臺。毛衣公主選拔發下毛衣，我卻無稱頭的下半身可搭配，就向一位姐姐借來結婚喝喜酒的長禮服，紅金蔥的，我還留有照片。此外，也要深深感謝華視的連漪慷慨借我旗袍式亮片禮服去新加坡作秀。我比她高兩公分，禮服不夠長，高跟鞋還露在外頭呢！

圈內交朋友不易，連漪是百裡挑一的大好人，我對她的感謝持續到現在，去加拿大溫哥華總要找她玩。海外行善的她，有雙會笑的細長眼睛，我這輩子還沒見過比她更好心腸的女人，那溫婉柔美的氣質，與生俱來，學不來的。

悄悄參選毛衣公主，改變我的命運。當時我還是大學生，明白讀書是學生的本份，我怕世新老師與同學知道我出道當藝人，所以就將本名「熊秀慧」改名為「熊海靈」，沒有高人指導改名，憑的是直覺。後來當歌手替粉絲簽名，筆劃那麼多，我才不禁後悔了，早知道，取藝名「熊一二」，簽名那可輕鬆多了。

一關又一關地接受評頭論足而當選毛衣公主，當時還不知這頭銜跟未來前途將會發生怎麼樣的關聯？初選評審徐莉玲助理甘美珍就先派個令我欣喜卻又沒把握的任務給我：「熊秀慧，徐姐要帶妳巡迴全省，做服裝模特兒。」

「我行嗎？」想到同學麥筱梵身高有一百七十四公分，就自覺矮不隆咚，又腿粗粗、人胖胖、臉醜醜，於是再次告訴他們，找錯人了。

「妳來，設計師看中的，不會錯的。」順著助理的鼓勵，我來不及思考就跟著表演團體上路，從台北表演到高雄，從百貨公司作秀到飯店，我一路跟著傻跑，沒人幫我談價錢，自己也不會開口，到現在都不知道那一攤全省跑透透，究竟能賺多少？記憶中是一場七百元。

只記得，以前的模特兒都不笑，酷酷的，面無表情的。唯獨我，從頭到尾一直笑，一位看秀的男士還跟助理打聽：「那個笑咪咪的模特兒，很親切可愛，很想認識她。」

那時台灣經濟正全面起飛，百業欣欣向榮，國際羊毛局、紡織公會、設計師協會等機構大缺模特兒，我因此有機會登上走秀台。巡迴團隊菁英輩出，有知名的沈曼光、麥筱凡、包翠英、鄭碧蓮與張安妮等大美女，她們各有特色，都是天生麗質的原裝，完全沒經過「醫美」，個個展現女神超強氣場，令我這小模常常看得目不轉睛。

衣服一來，前輩先挑，我穿她們挑剩的，久而久之，穿搭概念有了，慢慢不土了。後來，接受鄭碧蓮、周丹薇正式訓練，更逐漸有「模」有樣。那時候的走秀，都是兩個模特兒同時出場，一個站在定點不動，另一個先往前走，然後轉身走回定點，兩個人碰碰，相視一看，換第二個再往前走。看著她們有好多顏色的高跟鞋、馬靴搭配衣服，而我就只有兩雙鞋打天下，窮啊！

南北奔波走秀的這馬不停蹄時節，華視訓練班還在上著課呢！我也希望能有始有終的完成學業，別半途而廢，所以，只好請假去服裝表演。超級照顧我的班主任鄧鎮湘滿口答應說：「去吧！快去吧！」班主任認為所有的舞臺經驗都可貴，要珍惜，非常支持這些課外的磨練機會。

走秀與上課雙重忙碌，我把它當成所有稜角都磨平的修煉，演藝圈潛規則多，可能只是一個微小的環節便功虧一簣，所以，不可掉以輕心。回頭看自己走過的路，覺得真不容易，頗為自己感到驕傲。

從不曾被長輩兇過，我一生在和煦的春風中長大。也許沒有錦衣玉食，也缺少榮華富貴，還要半工半讀擺脫貧寒拚學費，甚至還做了童工，國中時候包火柴，十二個一盒，小小年紀就在烏魚子工廠學到製作技術。「烏魚子怎麼弄出來的，我全部知道。」

外頭做女工，回到家就成為備受呵護的「溫室花朵」、「掌上明珠」。有能力賺錢後我用錢不小氣，把養娘家、照顧資助婆家視為責任，婚前賺到的錢悉數交給媽媽。記得有一次從台北統一飯店、希爾頓酒店表演全省巡迴連續走秀十天，總共賺到七千元。在三十年前，這可不算小數目，我只留下兩千元吃飯、坐車這些基本生活開銷，沒有拿錢去為自己做任何享樂，把收入乖乖的交給媽媽。

當時景氣大好，有一家奇士美化妝品公司邀我當美容大使，到全省的市場、百貨公司站臺一個月，酬勞三十萬。也就是一天一萬，天哪！這在當時是多大的一個數字，簡直嚇壞我了！當下真的很開心能賺這麼多錢，幫助家計，因為孝順父母一直以來就是我的心願。

爸爸看我要離家一個月，特別送我去公司，當天老闆先開了一張十五萬的支票給我，我當場就交給爸爸。爸爸手拿支票愣了好久，眼眶泛紅，他這一輩子第一次拿到這麼大一筆錢，我知道他同時也心疼我這麼辛苦離家去工作，這麼久看不到我，而我一毛也沒留下，全數交給爸爸。

就像每個深夜，無論我工作到多晚回家，門鎖輕輕一轉，屋裡燈馬上就亮了，是等門的爸爸揉著惺忪的眼睛問：「ㄚ頭，回來啦！」那一晚也一樣，靜巷猶聞悉悉話語聲，好幾戶人家燈也還亮著，正在叨念著什麼。我家廚房裡，砧板上已擺著切成小丁的肉絲和黃瓜，媽媽已燒開了水等麵條下鍋，鍋子在夜裡發出噗噗的細碎聲，為家人的美好圍桌做準備。不一會兒，媽媽端出冒著香味與熱氣的肉絲麵，柔聲跟我說：「秀慧，餓了喔？吃吧！」

爸爸坐在對面，靜靜看著我這晚歸的、妝還在臉上的ㄚ頭大口吃麵，眼睛沒離開，看我需要什麼，迅速補位。親愛的爸爸，我永遠記得您看我吃麵的眼神，還問我：「累不累？」，如同您為我們無怨無悔的付出一樣，再苦我也不累呀！我好像血液裡早已遺傳爸媽留給我吃苦耐勞的基因了。

燈下的臉，皺紋益發清晰，白髮在鬢邊竄出年歲的清晰痕跡，也襯出父女相對的無比滿足與驕傲。他說，要把每一筆女兒賺來的辛苦錢存進銀行。眼看，擺脫貧寒的日子已經不遠了。

爸爸再度拿起支票來，在燈光前細細端詳與思量，媽媽也從廚房走過來瞇起眼看，期待這張薄薄的紙過幾天就可以變成鈔票的奇妙。舊社會嘛！不懂什麼是銀行現代化，就只一心一意珍藏著女兒的心血與心意。

進房間，把支票鎖在抽屜裡，爸爸再到餐廳問我：「ㄚ頭，吃飽了吧？」我抹抹嘴，拍拍肚子……。媽媽收拾好，關了燈，我睡得香甜。

雖然累，卻隨著爸爸的眼光，浮上了意識表面的氣味，光線和家人流動的感情，很幸福啊！付出，也永遠不喊累是一樣的心情，能賺錢孝順您和媽媽是我的責任，謝謝您和媽媽把我生得這麼好，遺傳媽媽白白的皮膚和您筆直的雙腿，謝謝您們把最好的遺傳給我，感恩！

爸爸培養了我面對逆境的能力。後來逐漸存夠了錢，買下安居街的房子，終於從爬樓梯的二十六坪臥龍街舊公寓換到讓媽媽方便的電梯大廈。

「人每個過程難免坎坎坷坷，心裡如果有期待和愛，所有的坎坷都會過去。」

當時奇士美化妝品給我一天一萬的高酬勞，我永遠記得爸爸拿到那十五萬元支票的驚訝和眼光泛淚的表情。

4 ＝ 被唱片公司栽培，站在流行歌曲浪尖上

真實與虛幻，具象與迷離，演藝圈給我如此多重的回味。宛若置身時光之軸的滾動，回到了那一個「熱褲的年代」，是夢嗎？難不成熱褲是我的時光機？

熱褲辣妹舞臺上作秀的時候，常常被主持人開玩笑說是「芋頭和番薯」，五官長相也常常被人說像混血兒，我就自我解嘲說：「沒錯啊！我是不小心米酒混到保利達P了啦！」這是我們作秀表演常常用到的哏，現場觀眾無不被逗得哈哈大笑！

黑膠唱盤和音樂錄音帶堆砌出來的音樂市場，一九八〇年代正蓬勃，我的少女時代恭逢其盛，簽約綜一唱片後，收起熱褲，開始在歌壇上有比較明顯的大幅表現。

綜一唱片是來自歌林唱片的堅強班底組成，由王牌宣傳夏春湧領軍，帶歌手跑宣傳，做誰，誰就紅，旗下打造栽培出高凌風、黃仲崑、陽帆、沈雁、楊林及張蓓心等天王天后，每個歌手都有人人琅琅上口的音樂代表作，是飛碟、滾石唱片成氣候之前，最有氣勢的唱片公司，為台灣流行歌曲專業領域做出卓越的貢獻。

唱片歌手與作秀歌手層面不同，是音樂人卯足全力追求的終極夢想。感恩貴人，讓我通過無數考驗與挑戰，幸運被唱片公司栽培，站在流行歌曲浪尖上，去做一件我會做，也喜歡做的事。

經過高凌風引薦得以進入綜一，打掉重練又歸零，出版《愛的羽毛》和《只愛我一人》兩張反應不錯的專輯。進錄音室之前，唱片公司規定我閉關半年練歌，不准上電視露面，希望保持新鮮感。呂經理只丟下一句話：「穿西裝戴帽子」。

穿著方面，也希望我不要再穿迷你裙、熱褲露大腿，唱片改走玉女路線開發年輕人市場，封面造型則由自己想辦法搞定。

我左思右想，覺得自己應該製造一個明顯的反差，迴異於過去的性感與動感才能脫穎而出，因為唱片市場和作秀舞臺需求不同，玉女才有「歌迷」跟著跑。

於是，一張封面穿西裝戴帽子走中性路線，另一張則設計水手裝來表露少女的活潑可愛，兩張都有別於過去的性感小貓，轉而符合西方高挑的歐洲風格，帥氣十足。

四十年前，一種版型、一種色彩或一種面料，彷彿都各自擁有魔力，難以抗拒。我想好款式再去買布，再找裁縫師完成。模特兒基底，有助於這件事的成效。

全身包緊緊的、獨一無二的全新熊海靈終於在唱片界正式亮相了，如我所期望的一炮而紅，打歌十分順利，連國際大歌星黃鶯鶯都跟作曲家陳彼得大哥要求：「我也要唱一首像熊海靈那樣的歌。」可見，引起的迴響的確不小。

〈愛的羽毛〉這首歌後來成為《愛的羽毛在飄》的主題曲，李行監製、賴成英導演，由劉嘉芬與許佩容、熊海靈主演，我正式當起電影演員，同時主唱了電影主題曲。

那時候，我得各方厚愛，一個禮拜可以上三次電視綜藝節目打歌，獨自租個房子在華視旁邊，有電話方便接通告。還因為擁有五專學歷，符合新聞局的規定，先後在華視主持民歌節目《金色年代》以及九十分鐘的綜藝節目《今天星期五》，追星族包圍著我，在電視台門口等著我簽名，也就是現在所說的粉絲團，簇擁著

從性感長腿姐姐，轉型為穿西裝戴帽子的帥氣形象。服裝是自己一手打理設計。

每張專輯封面都是自己設定造型，想好服裝款式、買好布，再請裁縫師完成。

他們心目中的女神。

當年我是華視栽培的主持人，記得第一次被派到關島宣慰僑胞，在美麗的沙灘上拍下了我人生第一張泳裝照。看到這張完全沒有修圖的照片，我才知道自己的身材真的還不錯呢！

那年我二十三歲，星途如此順遂，前程這般似錦，卻傻傻的不知珍惜機會，兩張唱片發行的三年後，居然就被愛情沖昏頭而結婚嫁人，提早結束歌手生涯，也從絢爛歸於平淡，相夫教子去也。

綜一唱片那段歲月充滿快樂的回憶，交到兩個無話不談的閨蜜，一是已嫁到印尼後來定居新加坡的張蓓心，一是在唱片公司做幕後宣傳的王韻華。王韻華和我在世新同班，學生時代就是出名的美人兒，長髮飄飄，形似仙女，不當明星真可惜，否則是林青霞與彭雪芬的綜合體，圈內不又多個大明星？王韻華後來嫁給陳昇。

還記得張蓓心嗎？我二十歲，她十八歲，正是青春好年華，她可說是動感歌手NO.1，我們搭檔合唱〈愛神〉滿場飛，可受歡迎了。我高，穿平底鞋，她個子比較嬌小，穿高跟鞋，兩人上身穿綠色金蔥小可愛，搭配金色Disco褲，有次準備上臺時，我忽然發現：「妳脖子空空的，我來想辦法。」打開化妝箱找到一串項鏈替她戴上，頓時金光閃閃，舞臺上十分亮眼。這是我們兩人第一次合作，友情也從此開始，至今都沒有改變。

回家提起這件事，蓓心媽媽不禁誇我：「在同一個畫面，願意讓另一個搭檔和自己一樣漂亮，真的很夠意思，是可以深交的朋友。」蓓心爸爸也喜歡我，常邀我去他家吃北方麵食，待我如親生女兒。至今和蓓心依然保持超級好的友情，她結婚二十週年時，還邀請我去峇里島度假慶祝，願她永遠平安幸福。

電視史上，我是第一個穿迷你裙與短褲的動感歌手。這造型現在當然滿街都看得到，並不罕見，但是在保守的年代，我們不過小小露個肩膀，導播都要幫我們把衣服往上拉以免「傷風敗俗」。如此搶風氣之先，其實不曾有前人鋪路、高人指導，就是憑直覺而已。基本上腿要好看，不是嗎？

我天生傻呼呼的無所求，一切隨緣，記者和我約專訪時，咖啡我都不懂得請人喝一杯，現在想想真的很呆，應酬更見不著我身影。歌手之路能一帆風順，要衷心感謝導播葛士林他竟然敢啟用我這個新人主持九十分鐘的綜藝節目《陽光綠野攝影棚》他是我在演藝圈的第一位貴人，後來有一次他介紹我去主持一個晚會，酬勞五千元，這是我在演藝圈拿到的第一筆這麼大的酬勞，真是讓我當天晚上做夢也會笑。

那時，喜相逢、藍寶石、迪斯角、太陽城等歌廳正座無虛席，每一檔秀，都由高凌風大哥帶著我和馬世莉、張蓓心、陽帆等綜一唱片公司簽約的「帥哥辣妹」跑場，更一代傳一代的源源不息，栽培出歌廳秀好幾代的大小天王，包括張菲和胡瓜。

沒有A咖做舵手領航，B咖抓不住正確方向而兜圈子，難有出頭天。我記得，高凌風很火、張菲很牛、倪敏然很夯，這幾位神級大牌聯手站在臺上說說唱唱，無不場場大爆滿，精采到，我自己下了臺，沒來得及卸妝就直接坐到觀眾席去看，天天看，天天爆笑，天天開心。

大哥們表演脫口秀，宇宙無敵的精采，每一句詞、每一個哏都以百分百默契銜接得天衣無縫，臺下若不哄堂大笑，表示笑果不夠強，立刻換掉，再設計全新的橋段。真槍實彈，一場又一場的硬戰，毫不含糊。

馬不停蹄南北跑場之後，海外市場也接踵而來。似懂非懂的我第一次踏出國門，是和同年又同門的陽帆一塊到新加坡作秀，那時東南亞市場剛剛起步，視台灣的歌手為主秀強棒，演出機會越來越多。

我和陽帆兩個小呆瓜、窮光蛋、土包子來到新加坡，每週向綜一唱片領兩百美金當生活費，就在飯店隔壁簡單覓食，不敢跑遠。我千篇一律點乾炒牛河，他將就一下吃海南雞飯，因為捨不得花錢，就只好天天吃同樣的食物。

回想起來，異鄉打拚換來的滋味，並不特別寒滄委屈。那時，陽帆算有車階級，有一次他開著當時的那輛破車到西門町載我，結果我要下車的時候，居然從車內無法將車門打開，非得他下車幫我從外面開門才行，真是笑死我了！由於車上沒有冷氣，夏天熱得汗流浹背，冬天則被冷風刮到重感冒。想到他現在開著進口賓士轎車，可說是苦盡甘來，與當時的狀況真是天壤之別呀！

青春荷爾蒙就是這樣飽滿的、無拘限的任我們恣意綻放。在台灣南北秀場、在新加坡，還有無數的海內外舞臺，我們奮勇征戰，根本沒想到紅不紅，紫不紫什麼的，拿多少酬勞也沒有很當一回事，就是充滿希望去衝衝衝。

無親無故，我和陽帆在新加坡相依為命。有一天下午剛吃過午飯，陽帆敲門來到我房間，神祕兮兮的拿出一個紙袋，窸窸窣窣的發出輕微的聲響：「什麼？」我好奇問。

一打開，是大力丸，這我也從來沒見過，不知是什麼東東？他不慌不忙吞進一顆後，開始在彈簧床跳上跳下的，還喃喃自語說：「不知有沒有用？」我愣在旁邊，一時反應不過來，後來被他逗得哈哈大笑！

少男的好奇形成一種無敵的稚嫩與可愛，到現在我都還鮮明的記得他當年的天真。陽帆可算是第一代花美男，齒白唇紅，套句現在的用語：「萌翻了」，是偶像劇的歐巴。而我，因為主持莒光日電視節目及前線勞軍，得到第一代「軍中情人」別號。

難免的，比女人還漂亮的五官，讓大家誤以為陽帆有「那個傾向」。哈哈！才不是呢！正相反，他超級喜翻女生的。我怎麼知道？哎唷，千萬別誤會，我不是他的菜，毫無吸引力，他對我沒半點意思，我們就只是在新加坡相依為命的麻吉而已。

那時一無所知、一無所有，懷抱的不過是改善家人生活，為爸爸分憂解勞的心願，窮到買禮服登臺的錢都沒有，所以不敢「夢」，也沒有「想」，套句現代人說法就是，沒本錢投資自己。

只好，連舞臺服都跟好朋友「周轉」。張蓓心借我無肩的金色小可愛，再搭配蓬蓬的芭蕾舞衣，在舞臺轉啊轉的。在連漪衣櫥找到的則是銀色亮片長旗袍，襯托身材更修長。

和我身高相仿的馬世莉也借過我中國式古典禮服，當時根本不講究什麼「撞衫」，穿著出色又得體才重要。唯一拍的一張中國式的禮服照片，也留下了美好

當時和馬世莉感情很好，她借我服裝拍了這一張唯一的中國式造型。

的回憶。

有一次公司派我跟陽帆到新加坡登臺十九天，當時我們兩人都還沒有出唱片，經濟都很拮据，所以很珍惜這個表演賺錢的機會。有一天我唱完兩首歌，接著要介紹陽帆上台，然後我衝到後台化妝室換裝，經過男生更衣室的時候，居然碰到在我們前面表演的菲律賓樂團女歌手從男生更衣室跑出來，當時我還覺得很奇怪，這個時段是我們的表演時間，為什麼她會出現在後臺？等我們節目表演完畢，陽帆回到化妝室，拉起門簾正準備換衣服的時候，突然聽到陽帆慘叫一聲：「我的皮夾不見了！」

「怎會這樣，再找找？」我也發急，到處的翻，還弓著身子像貓一樣趴在地上。兩個剛起步的年輕人來到異鄉跑碼頭，賺錢多麼不容易啊！省吃儉用的，一毛錢也不敢多花。海南雞飯與乾炒牛河連吃二十天，吃到舌頭快沒有味覺，多點一個菜來解饞，摸摸荷包，又算了，捨不得。

現在，三百塊美金怎麼一下子就不見，被偷了。錢不會自己飛，我直覺是那菲律賓歌手有問題。看陽帆難過得一張臉發白，我氣不打一處來，就拿起剪刀，剪斷菲律賓歌手吊在牆上的禮服肩帶，替揚帆出氣。現在回憶起年輕時，兩人在

才二十出頭的我，居然可以擺出這麼嫵媚的姿勢。真是太欽佩我自己。

看到和陽帆在新加坡做秀後臺拍的照片，就讓我們想起當時省吃儉用、陽帆錢還被偷的往事。陽帆當時那張苦瓜臉，彷彿再度浮現！

國外相依為命賺錢的日子，還真是有趣！只是我愛打抱不平幫助朋友的個性又在這裡表露無遺。

為朋友兩肋插刀，伸張正義，是我一路以來待人處事的風格，到現在更是「變本加厲」。這是來自熊家的優良基因，爸爸在天上猶關注著我有沒有做好呢！張蓓心就形容我靈魂有男人講義氣的成分。「妳前世應該是個男的。」她開玩笑說。

「專注自己」就能建立自信，爸爸沒念多少書，但一生正直勇敢，他教給我的，就是珍視自己當藝人的價值。回到台灣，陽帆先出唱片，一片就紅，我則成了他的師妹。革命感情延續到後來合作開店「唯安娜熱狗」，高大哥是大股東，我和陽帆各投資二十五萬，這也是我事後才知道的，可惜經營不善，繳了學費，打水漂，沒了。

♪ 今天要聽〈愛的羽毛〉

一片羽毛飄在春天裡，有個祕密藏在我心裡，我的心兒早已屬於你，請你不要把我忘記。

愛的羽毛飛揚在春風裡，灑滿陽光網住我和你，愛的羽毛成長在春天裡，愛的專利屬於我和你。

出完《愛的羽毛》
這張專輯之後，主
持華視《今天星期
五》九十分鐘綜藝
節目，當時錄影時
拍的照片。

5 ═ 唯一的崔姬傳人燦爛了青春

念茲在茲，這一生的貴人除了崔姐，還有高凌風大哥和葛士林導播，片刻不能忘記他們賜給我此生再也不可能的機會與恩澤，沒有三位貴人相助，絕對沒有今天的熊海靈。

盛夏之後，秋已染黃街道。穿上金色戰袍，我受邀在華視節目《冰冰秀》模仿崔苔菁崔姐，載歌載舞飆唱〈愛神〉，大家為我鼓掌喝采，報導占了影劇新聞好大一個版面呢！

忽男忽女、笑星與苦旦交錯，朋友說我「戲路甚廣」，不假掰，演什麼都傳神，在談話節目獨樹一幟。是啊！表演者沒有脫盔卸甲的日子，無論舞臺在哪裡，只有隨機轉換展場。

想起崔姐在我出道時曾殷切指導過我：「妳的身材好，腿又直又長，記住，上電視穿衣服不要把腿遮住，要展現優點。」也總叮嚀我：「要記住，不要駝背，隨著節奏轉身的弧度俐落。」多少年過去，我還是演藝圈唯一的崔姬傳人，不是我臭屁，前一陣子還有崔姐傳給朋友的 Line 為證。

會看到崔姐的訊息，起頭因華視老友高義泰的好意。我邀他參加過幾場晚會，在化妝室聊起許多朋友近況，他因此傳我的演出照片給崔姐看，還提到我現在是超級韓粉，國旗裝造型已成風潮。

崔姐跟外界連繫並不多，我們在洛杉磯碰過幾次面。回台灣後很想念她，沒想到她和高義泰兩個人有好交情而經常私訊。在 Line 中，崔姐也稱讚我在演藝圈中模仿她的人裡面，只有我得到她的真傳，真的好開心，灑花、轉圈、暈陶陶。

高義泰傳簡訊跟我說：「崔姐要妳傳幾張照片給她看。」

崔：「身材還保持得這麼好，真是太厲害了。只要注意在臺上不要駝背就好了！」

謝謝崔姐沒有忘記我，還給我讚美與鼓勵，是我這一生最大的驕傲。說真的，我造型可性感可清秀，化妝化多就豔，化少就清秀，可塑性很強，也是千變女郎呢！

報名華視訓練班，我選很難唱的歌，自己也唱得很爛，走音都不知道。勤練慢歌後，我知道自己已大有進步，也自我調侃說：「以前太快樂了，感情沒有受到打擊，唱不出滄桑感。」掌握到主持人竅門，我也會在臺上搞笑說：「很多人唱走音，都說自己感冒了，嗓子有點啞。」臺下有人發出笑聲時候，我補一刀：「但是，我今天真的感冒了。」

現場哄堂大笑。

因試鏡成功而拍了廣告，卻還是沒有很多人認識我，那年，我二十一歲，滿懷憧憬的考進華視訓練班，透過正規途徑向影劇圈叩門。

對未來前程的盼望，引領我探索這奇異的世界，見到各式各樣的歌手，也逐漸了解，在影劇圈擁有一席之地，要過的關卡極多，而其中一項是運氣，我何其有幸，遇見了領路的恩人與貴人。

最要感謝的是崔苔菁，當年被稱「崔姬」，那股迷人的魅力，空前絕後，至今無人能及。她比我大一些，第一次看到我卻含笑對我說：「妳身材那麼好，要多露一點。」、「年輕真好，可惜妳出道太晚。」

崔姐告訴我，她十七歲就進圈子，而我進圈子已經二十一歲，好像有點晚了。她接著提醒我：「妳有我年輕時的影子，基礎不錯，漂亮的腿要露出來，要學會打扮，讓外型更亮眼。」聽完這話，殊不知崔姐妳好美，永遠的性感女神，妳也才二十八歲呀！此時我才想起來自己才拍完一個褲襪廣告，不是嗎？那個年代真是不會打扮。

我們這一群華視訓練班的同學才剛剛出道，生活溫飽都有問題，哪有多餘的錢買衣置裝？但是崔姐都這樣交代了，我就努力的改變自己外表，久而久之，還真的擺脫了土氣，慢慢摩登起來，迷你裙和短褲成為我的招牌。

那時候，打開錄影機，一遍又一遍的觀察崔姐在舞臺、電視上的唱腔與台風，那舉手投足的嫵媚，絕對不是想學就學得來的，還有唱腔中的嗲音，那是專屬於崔姐，我們沒辦法得其全部真傳，唯有注意駝背和鏡頭轉換，把缺點盡量藏起來。

多少巨星在眼前華麗的躍身，我認為崔姐的舞臺秀最能抓得住觀眾喜歡看的，舉世無雙，我們後輩頂多學來幾個轉身動作及面對鏡頭的神韻，還差得遠咧！

最令我感動的是，崔姐在華視主持《歡樂週末》與《翠堤春曉》，居然一集安排我獨唱兩首歌，其中一首是淨化歌曲，有一次在金門勞軍我唱開場帶動氣氛，崔姐唱壓軸，她看我身上沒有配件太素，立刻脫下鑽石手鍊，趴！替我戴上：「這樣穿，太素了，來，戴我的手鍊。」嗯，小女子何德何能啊！我這好運氣，可叫同臺的歌手羨慕到極點。我想，是崔姐不吝提攜後進，默默地推我一把，也保護著我，不要無端受到花花世界的傷害。

記得還有一次搭遊覽車出外景，我坐在靠門的位子，高凌風上車來，這是我第一次見到他，正好，崔姐也在車上，就對花名在外的高凌風說：「我告訴你，哈子，你不准動她喔！」高大哥就笑笑，也沒多說什麼，而我內心的感激，是筆墨無法形容的。

婚後陪兒子到美國洛杉磯讀書，那時，崔姐也定居美國，我就打電話給崔姐，一起逛百貨公司，然後請她來家中做客：「我剛剛買房子，要不要來我家玩？」崔姐一口答應，兩人很開心一起吃飯，之後談到妹妹崔愛蓮，崔姐才不禁黯然神傷地說：「愛蓮是我家的潤滑劑。」她眼睛望向窗外，有股落寞從內心湧上來，我看得心疼，卻也只能默默陪伴，說什麼都很難安慰一顆失去親人的心。

我們約好以後要常見面：「打電話到我家，有暗號，我才接電話。」後來我也去崔姐家玩了一次，還出外飲茶聊天，只是，回台灣後就少聯絡了，真的好可惜啊！

前幾個月就邀昔日《陽光綠野攝影棚》幕前、幕後的老友在艾美酒店聚會，導播葛士林、李欣、秦菲菲許多人都來了，還有嫁到高雄的孫玉茹與從台南專程來的高義泰，他當年和陳秀慧配對成浪漫又青澀的歌唱情侶，不知大家還記得嗎？

高義泰和崔姐，用 Line 一直有保持聯絡，那一天聚會時聽他告訴我，崔姐一再肯定，我是她的真傳，沒有任何人比我的載歌載舞更像她。綜藝歲月已久遠，崔姐到現在還這樣說，我分外感到溫暖，也提醒自己要更努力，才不辜負我在新人時前輩的提攜。

我是《陽光綠野攝影棚》第三代主持人，前有高凌風、高義泰、陳秀慧，輪到我和潘安邦及馬世莉搭檔，節目已轉型多次，有一定的口碑。導播葛士林至今仍難忘「每首歌都拍成 MV」的美好回味，而我也還記得帥氣又頑皮的潘安邦看

這年我才二十三歲。在那個時代，髮型師設計頭髮就是直接把妳燙捲成這樣。這可是當年時下最流行的，請問各位覺得怎麼樣？

我還嫩嫩的，就常常提醒我，兩個人在外景一起主持，要怎麼樣面對鏡頭才最討好，免得被他的高壯個子給擋住了。

我記得葛士林導播有一天跟我說：「去設計一下妳的髮型，下禮拜出外景。」結果我就跑去小林髮廊燙了一個當年很流行的爆炸頭。等到出外景的時候，葛導播看到我，簡直快昏倒了！他只說了一句話：「我要妳設計髮型，不是要妳把頭髮搞成這樣！」當下，我臉上沒有表情，可是我的心裡簡直快笑翻了！我也不知道髮型設計會把我弄成這樣！

另外還接棒主持民歌節目《金色年代》，第一任主持是趙樹海，我們像學生一樣，清純極了，這民歌節目是極少能夠

訓練班剛畢業，和同學一起去參加崔姐的外景節目，我個子高，躲在最後面，露出一個嬰兒肥的小圓臉。

表現慢歌的舞臺，歌手帶著吉他，樸素的來錄影，還有點靦腆呢！我記得有個年長歌手告訴我：「我們常常會用青蘋果來形容一個人，隨著成熟慢慢變紅，希望每個人都要記得那曾經的青澀，永遠學習成長。」他也鼓勵我：「盡量去做一件自己想追求的夢想。」

我可愛的夥伴啊！因這些善念，構築我美好的演藝人生願景，往後不論旅程多麼顛簸，想起你們對我的友善，我就擁有無比的勇氣，昂首闊步的往前走。

是你們燦染了我的青春，謝謝你們。

♪今天要聽〈愛神〉

愛神，愛神，嗚～
在哪裡？在哪裡？不要隱藏你自己。要高興，要歡喜。愛神已經找到你。
真的情，真的意，不要埋在你心裡，要接受，要珍惜，愛神已經找到你。
讓我們在一起，做一對好情侶，說出你心裡話，拋開那煩惱憂慮。
在此時，在此刻，這裡有我也有你。要開心，要得意。愛神已經找到你。
愛神，愛神，嗚～

這幾年在舞臺上表演，類似崔姬的造型和崔姐是不是有幾分神似？

二十三歲時在崔姐的照顧下，自然而然打扮就有一點模仿她，性感中帶有嫵媚。

自律是革命軍人最可貴的形象，他們軍容整齊、儀表莊重，敬一個禮，含有多少軍愛民、民敬軍的祥和蘊藏其中，是那個樸實年代最美的風景。現在，藍綠對立，影響一般民眾對軍人不大尊重，對警察也叫囂對立，看了痛心。我不喜歡現在，我懷念以前。

6 ＝ 辣妹勞軍，最美的外島風景

記得，勞軍的地點在大金門、小金門、大膽及二膽等島，還有猛虎嶼，這幾個阿兵哥駐守的前線，聽過的人應該不多吧？都是駕駛兵開車載我們，最遠到過東沙。東沙這一次勞軍演出很特別，勞軍隊伍先在台北集合，事前都不知道要飛去哪裡？直到上了飛機才聽到東沙這地名。為什麼這樣保密？是有高官跟我們一起去：「應該是上將以上的官階吧！」我想。

哥哥在楊梅埔心中學畢業後，投考陸軍官校專修班，長年住校不在家，未曾和我們這群小蘿蔔頭擠過窄小卻溫暖的鴿子籠。和哥哥親近的相處反而是在金門勞軍，當連長的他，開著軍中吉普車來接我，能擁有這「特權」，是因為我一到金門就發燒，必須先送去醫護室吊點滴。那是一九八三年盛夏的晚上，送醫護室途中，居然看到一群阿兵哥因天氣太熱而在戶外洗冷水澡，哇哇！全部裸體耶！其實，我什麼都沒有看到，只有黑皮膚和白屁股露在夜空下，超好笑的！羞得我閉起眼睛，也受到驚嚇的哥哥，趕快關掉車頭大燈，逃開當前的養眼限制級。

到金門就發燒了兩天，沒辦法準時五點起床早餐，六點集合。外號「媽咪」的一位軍友社軍官來照顧我，當時我和馬世莉、陳秀慧同一間房，我的床最靠近門口，一件靈異事件發生了。早上七點鐘，四輛吉普車載走同伴和樂隊十六人後，我迷迷糊糊昏睡到中午，一瞬間，有股力量，讓我忽然張開眼睛猛然坐起來，說時遲那時快，天花板紛紛落下了磚頭與石塊……轟轟發出巨響砸在枕頭上，冥冥之中，我驚醒坐起來，否則我已經不在人間了，至少，臉被砸爛了。

也就是說，如果我當時沒起身坐起來，磚頭就根本直接砸往我身上，後果不堪設想。應是冥冥中，有人救了我，讓我有驚無險的度過劫難。戰車壓腳、撞破玻璃，又被磚頭砸……，前陣子還從床上摔下來，差點腦震盪。所幸一切相安無事……阿彌陀佛！更絕的是，千鈞一髮的轟隆巨響過後，我居然還可以沒事似的，再躺下來調個頭，雙腳放在磚塊上繼續睡，可能是吃了感冒藥，讓我睡得昏天黑地，直到媽咪來叫醒我，驚慌的問：「怎麼回事呀？屋頂塌下來了！」天花板怎麼會有磚頭呢？至今百思不得其解。

「我也不知道。」傻傻楞楞的回答。怪事不只這一樁。我們勞軍團借住金門民房二樓，我在左邊第一間，舞蹈團的馬雷蒙在樓下。退燒後上場表演，回到房間已三更半夜，就聽到腳步怪聲：「哇哇，有鬼，有人拿起佛珠不斷念經……」我打著哆嗦叫嚷。第二天，同住的四個女生異口同聲說，昨晚聽到腳步聲，好可怕，馬爺才告訴大家：「妳們不要亂叫。是我們昨晚爬牆出去喝酒，三更半夜回來，走樓梯上樓的聲音，哪有什麼鬼呀！」

金門擎天廳蓋在花岡岩下，冬暖夏涼，十分舒爽。服兵役抽到海軍的一位阿兵哥告訴我，到了外島，什麼廢話都不用說，全部都先往海裡扔，不可能不會游泳的。另一個阿兵哥三年都沒辦法回家，靠的是投幣式公共電話，他說，電話亭前一整排阿兵哥在排隊，一個人講三分鐘，少說也要等半小時才輪到自己握上話筒：「喂，……」

千言萬語從這一聲開始，阿兵哥總是問：「妳好吧？家裡怎麼樣？」這樣已去掉一分鐘，然後再把自己最近的事情聊幾句，一緊張時間就迫近尾聲，還只說到：「我愛……」剩一個「妳」字都來不及收口，電話就傳來無情的嘟、嘟、嘟聲，停了，斷了……，時間到了。握著話筒的手，溫度還在，遲遲不肯放下。

勞軍最頻繁的時期，是我剛加入華視成為重點栽培的主持人時，順理成章地送往前線打頭陣。火辣的我，載歌載舞第一個出場，穿著招牌迷你裙或短褲，讓阿兵哥全體沸騰了。當兵的人有一句俗話：久未見女生，看到小姐即使是母豬也賽貂蟬。更何況看到我們一群正點的辣妹美女，哪還不瘋狂了？更聲唱出「槍在我們的肩上」，我會下臺與阿兵哥打成一片，也邀請阿兵哥上臺跳舞，他們爭先恐後的，宛如跨年晚會一樣，熱情卻有種靦腆的表情非常可愛，全場嗨爆！我想這是他們在外島當兵最快樂的一刻吧！

主持《莒光日》時，有阿兵哥告訴我，上課超級無聊，歌星出來唱歌才振奮精神。當時演唱很多淨化歌曲，因為退出聯合國，社會氣氛低迷，歌星被要求合唱〈桃花舞春風〉、〈藍天白雲〉、〈梅花〉，而〈國家〉這首歌最是催淚，歌聲澎湃，臺上臺下都萬分感動。我另還主持了陸軍官校、海軍官校、空軍官校、空軍幼校、中正預校等軍方的大型招生活動，滿場飛舞歷歷在目，「軍中情人」

身影猶未走遠。

當時阿兵哥會寫情書給歌手以慰鄉愁，也拿著街頭買來的照片找我們藝人簽名，想家的時候，看看偶像照片，心情好多了。我還記得，金門勞軍碰到憂鬱歌手童安格，他正好服兵役，被派來服務我們這美女如雲的勞軍團。童安格因想家而鬱鬱寡歡，他被我鼓勵到快要掉眼淚。我當時自己也尚年輕，也沒有太豐富的社會經歷，只憑一分關懷阿兵哥的真誠，要他「為國珍重」。回台北後兩人還通了幾封信，滿紙「少年不識愁滋味，為賦新詞強說愁」，信中寫道他是外婆帶大的，我回信鼓勵說，男生要經過當兵的歷練才能變成真正的男人。而後，童安格創作的〈其實你不懂我的心〉漸在歌壇嶄露頭角，每當旋律響起，金門前線的有緣相逢，再度喚起已回不去的青春回憶，是美麗的。

今天要讀宮崎駿

我相信這世界上，有些人有些事，能夠認識就是一種緣分。

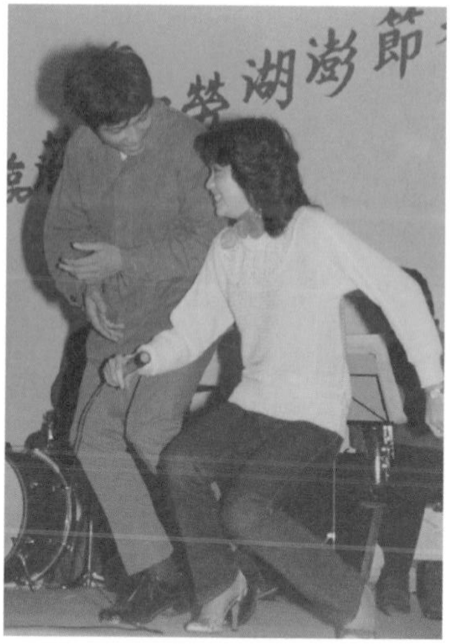

到澎湖前線勞軍。

當年有很多小場的勞軍就在籃球場上表演，戴上軍帽的我，是不是很可愛啊？

當年三軍官校招生，國防部找我去當主持人，在空軍官校飛機前拍的照片。

到澎湖前線勞軍和阿兵哥們共舞。

在我左邊的就是當年家喻戶曉的華視大樂隊的指揮詹森雄老師。我們都非常地敬畏他。

7 ＝ 冬天裡的一把火

都說演藝圈糾葛如網、錯綜複雜。我相信那無一日不洶湧的競爭，的確無法單純。然而，我好命，命中無數貴人相助，高大哥是我生命很重要的貴人之一，在我對世事未解、懵懂無知，獨個闖江湖時，就引領傻傻的我和唱片公司、秀場簽約，讓我接觸秀場的獨特迷幻文化，開啟演藝的奇特窄門，更懂得兄弟間，那動人的無悔情義。

追我的少男帥哥一波又一波，當然不缺。我國中幫忙家裡送燒餅到部隊去賣，路過軍營，總有幾個阿兵哥朝我吹口哨，我沒有竊喜，反而心裡暗罵：「神經病，誰理你？」是不是開竅太晚？也有男同學約我看電影，我總是笑笑，從來沒有跟他們去浪漫。還有一位世新土風舞社男同學跟我聊天，因為聊得還算投契：「你哪裡人？」我當時好奇問這一句。

「我是台北人。」他老實回答。就這幾個簡單字，竟葬送了一切可能開花的好感，之後，我就再也沒有理過他。為什麼？因為從前有個鄰居是台北人，他常常打老婆，種菜養雞都是老婆一個人辛辛苦苦在忙，他反而作威作福的。我當時甚至還以為，嫁給本省人非受氣不可，吃飯也不能上桌。真有夠呆！

進入多情的演藝圈，追我的人多了去。但因為已有男朋友，戀情很難開花結果，還沒開始就結束，連淡淡的惆悵都來不及呢！始終不解「為賦新詞強說愁」那套少女情懷，還真不知其滋味。

窈窕淑女，君子好逑，高凌風只是眾多追求者之一。雖然崔苔菁已數次警告過他：「哈子，我告訴你，別動我們熊海靈歪念頭。」然而，畢竟長時間同場跑秀、同臺唱歌，四處罩著我這呆瓜，多情如他，怎避得了大獻殷勤？冬天裡的一把火，他是愛火的傳遞者。

他雖然很照顧我，但是，一來我二十一歲的時候身邊早有男友，二來，高凌風太過風流花心，也追過鄧麗君、林青霞，瓊瑤也特別賞識他的才華，合作譜出的〈燃燒吧火鳥〉宇宙無敵轟動，我這後輩小女子怎應付得來這些浩瀚如天星的大事？

兩個人單純做工作夥伴其實最好，其他免談。青蛙王子代表一個時代，是超級天才，更是無敵鬼才，有他，才能成就舞臺秀的獨一無二，跟著他學習做徒弟，當然一輩子受益無窮。

他重情重義沒話說，照顧兄弟出手大方，晚上結束表演，整個歌廳吆五喝六吃宵夜，買單的永遠是這位慷慨的高大哥。有一次朋友跟我借三十萬元，我一時湊不齊，還是高凌風拿出十萬元來救急，事後沒有再提，即便往後已走下坡，面臨人生最困難的時候，身上只剩二十塊錢銅板，也沒跟我再提還錢的事。

對他而言，過去的慷慨和現今的落魄是兩碼子事。鴻運當頭要認，時運不濟，也要認，越困難，越不該打擾朋友。我沒接過任何求助電話，他沒有找過我。

藝人最無法自拔的陷阱是賭博，這是千不該萬不該的萬惡之源。不幸，跑歌廳的大咖很難不淪陷，走下五光十色的舞臺，有大把的等待空檔，這空檔帶來空耗與空虛，不知怎麼打發。三五個圈內人一吆喝，就圍賭起來，還賭很大！

十賭九輸，百年鐵律，賭徒卻鬼迷心竅，無法清醒。有一次，高凌風輸慘了，從不參加賭局的我正在沙發上休息，聽到那異常的喧嘩，也禁不住走過去看怎麼回事？老天鵝，沒幾個鐘頭，雙眼發紅的高凌風已輸給歌廳老闆九百萬元，眼看還要更慘！

現場也許不急著調來現金應急，以後慢慢用作秀償債就可。但是，九百萬元這數字太大了，要還債還到什麼時候啊？我頭皮發麻，覺得天都快要塌下來了。雖然可以以歌抵債，但是旁邊看熱鬧的人已吃紅九萬，賭局停不下來。

也不知哪來的靈感和膽量，主動幫大哥擲骰子，四周屏息以待，由我來撒，左右開弓，東撒撒西撒撒，臺語說的「轉崗」，結果，老天幫忙，結帳時，高凌風居然只輸十萬。像這樣驚險的賭局，真是嚇壞我了。

那是一個賺錢相較容易的奇異世界，賺錢太容易，花錢就如流水。高凌風一天作秀酬勞有二十六萬，扣掉阿珠、阿花、和音伴舞及樂隊老師的開銷，大約可以拿到二十萬，四十年前，這樣的幣值，高大哥作秀一個月的酬勞幾乎就可以買一間小公寓，半年就可以買電梯華廈，一年就可以考慮買仁愛路四十坪小豪宅了。

聽說我認識高大哥之前，他也傳聞輸掉過八百萬元，不知是真是假？我覺得是年輕成名，不知天高地厚。

高凌風是一個浪漫多情又幽默的人，只是成名太早了，當時真是紅到無人可比、無人不曉，只要是身邊的美女，他幾乎都會放電，這是大家都知道的。

有時候他打電話來約我出去，被我拒絕，他就會說出一長串知名女明星的名字，說她們都願意跟他吃飯，只有我總是搖頭拒絕。他還說過：「除非妳結婚，否則我絕對不會死心。即使訂婚，也沒用！」

我只好使出殺手鐧。有一天為了讓他死了這條心，我答應跟他一起吃牛排。因為我事先寫了一封長達兩頁的信，希望當面交給他，表達我不可能接受他的追求，只好騙他說我下個月要結婚了。其實最主要是他太花心了，讓女生沒有安全感，況且我不喜歡花花公子型的男生。

他那天興高采烈如約而來，一進門坐下就開門見山地問我：「妳喜歡藍寶石？紅寶石？還是鑽石？」言下之意，是要買鑽戒給我當訂情物。我一聽，怕他讀了我罵他的長信而吃不下牛排，就藉口去上洗手間，給他時間消化我的信再說。

果然，他臉都綠了，「我最近要結婚了……，祝……你順利。」氣氛很悶，這句話說得結結巴巴，青蛙王子也聽得萬分傷心。還請華視大樂隊詹森雄老師當說客，但是我依然拒絕他的求婚。從此，天涯兩端我們只能夠當好朋友。

高凌風是大好人，超級好朋友，人間難尋的好大哥。但是，男女感情的事要說清楚，別曖昧不明，否則越來越難收拾，浪費雙方的青春。有一次，他問我喜歡開什麼車？「我不會開車。」他接著說：「等妳考到駕照，自然而然就會有車了嘛！」現在想想，如果當時我換個方式說：「我喜歡開賓士。」說不定我就會得到一輛好車當禮物。後悔嗎？並不，因為爸爸一再告誡我：「不要隨便拿男人的東西，否則就完蛋了！」爸爸的話我聽進去了，所以這輩子我幾乎從來不拿男人的東西。

到底爸爸的教育是對，還是不對呢？現在想想，也許需要視狀況而定（笑）。

♪今天要聽〈冬天的一把火〉

你就像冬天裡的一把火，熊熊火光的照暖了我，你就像冬天裡的一把火，熊熊火光的照亮了我，我知道你喜歡我，卻沒有說出來，每當你悄悄走進我身邊，火光照亮了我。你的大眼睛閃爍又明亮，彷佛天上星星，最亮的那一顆。

8＝連長變黑道，怎麼可能？

秀場蓬勃、歌壇景氣，使熊家的經濟大為改善，也有能力搬到更方便且舒適的居住環境。這是熊家大夢，以前想都不敢想，如今美夢成真，在父母多皺的臉上看到笑顏，我怎樣付出都是值得的。

搬進安居街之前，我們曾經住在沒有電梯的臥龍街舊公寓，我當時已經在歌壇闖出名氣，出國作秀、出唱片、主持節目、台灣表演檔期由我挑，一切起步都萬分順利，也算身價不凡。所以，高凌風看到我住在沒電梯的臥龍街小屋，簡直不敢相信。「妳是一個Super Star，居然住在一個沒有電梯的房子裡？」

高凌風為一探究竟，有一晚，居然調皮地約了張菲跑到我家騎樓下，兩手圈成麥克風喊叫：「熊海靈，熊海靈，……」當時我早已睡著，被他們一叫，當場嚇醒，深怕驚動爸媽和鄰居，我立刻衝下樓，罵他們神經病。高大哥酒意正濃，瞇著眼睛說：「一個 Supper Star 怎會住在一個沒有電梯的房子？」後來我做秀賺了錢，用爸爸的名字買了一間位於附近安居街的七樓華廈，記得是兩百二十萬元。

搬到安居街後，這對寶貝兄弟又來了，又在樓下對著樓上大叫：「熊海靈，熊海靈……」我知道他們覺得這樣把馬子很好玩，又來鬧我，我很無奈地從樓上衝下來說：「這裡不賣熊海靈，賣肉圓。」兩個無聊男子，三更半夜不回家，打擾我的清夢。

當時當職業軍人的哥哥，也有寄錢回來，加上我賺的錢一起資助父母買下臥龍街這個二十六坪沒有電梯的小房子。我記得中國時報前來採訪「明星的家」，我介紹我睡的上下舖鐵床，用木板當隔間，全家五口擠在二十六坪的房子裡，哈！這應該是明星最可愛的家吧？至少有廁所了。

其實，我從不遮掩出身的貧寒。有一年，電視臺製作母親節特別節目，邀媽媽上電視。「我是殘障，不好吧！」媽媽有所遲疑，就怕女兒傷了自尊。我卻堅持帶媽媽去錄影，大聲地說：「這是熊媽媽。」父母養我育我，我怎麼會嫌棄偉大的媽媽呢？

好為人師的高凌風帶我入行，當然免不了指導我，為我設計動作：「一個女人的性感，不是穿得少，而是看怎麼穿。」我當時的打歌服是穿西裝戴帽子，東西洋混搭風：「背對觀眾出場，頭低低等前奏。音樂響起時，右手兩個指頭放在帽沿，轉個身，多帥啊！」高凌風邊講邊做，有名師出高徒的期待。每次〈愛的羽毛〉前奏一響，一位身穿西裝戴帽子的歌手，一步一步，慢慢轉身……，多神祕又有味道啊！

這成了我的招牌動作。

歌廳難免有黑道進出，一年三檔秀，唯高凌風一人，拿了芭樂票也不敢吭氣，聲勢和劉文正無分軒輊，難怪從南到北都在搶人，搶著搶著就出了問題，問題逐漸擴大，大到發生搶擊案，而我哥哥，熊哥當時從陸軍官校專修班畢業後，當了五年職業軍人，再留營兩年至連長退伍，之後由我介紹進入綜一唱片公司，後來高凌風看他單純老實，就找他當助理。

轟動全國的槍擊案，熊哥首當其衝，因為高凌風上臺的時候把槍放在熊哥身上，連累了我哥哥，使他前後被關在台中三個月。我和高凌風老婆阿玲一起探監，我見熊哥，她見老公，當時情景真是令人不勝唏噓。

阿彌陀佛，所幸是發生在一清專案之前，否則送到綠島罪名更重。爸爸氣得三天吃不下飯，連聲嘆息道：「我兒子是連長，是為國家效命的國軍，連長變黑道，怎麼可能？」

熊哥在馬祖當連長七年沒回家，兄妹雖不算很親近，有事必會出面。一退伍，我介紹哥哥去綜一唱片公司上班，當高凌風助理，處理身邊事務，後來自己公司做節目，熊哥還當凌風大哥的執行製作。當時楊林出片，哥哥還被推上去拍MV當伴舞，影片播出來，真是笑壞我了。

槍擊發生那天，我在羅東作秀，打開電視一看，一陣發麻，哥哥出事了！在高雄高凌風帶槍被密告，高凌風卻不知去向。「我只是他的助理。高凌風上台，槍就放在我身上。」哥哥在高雄警察局實話實說。說得也是，一個官校專修班出來的職業軍人，又留營兩年，連長退伍，怎會知道槍的來源？真是苦了熊哥。

「槍是高凌風給我的。」哥哥在高雄警察局被偵辦，實話實說。

哥哥回家團聚之後，我們很開心地去錢櫃唱歌，拍了這張兄妹情深的照片。

爸爸愛兒心切，一看到我就急忙問道：「哥怎麼樣了？會投案吧？」爸爸又問。我跟高雄壽山男警隊所長相識，承他幫忙，為避開前門滿滿的採訪記者，由所長安排走後門，熊哥被剃個大光頭，看見我這妹妹反而大笑：「我在這無聊，妳下次幫我帶幾本書。」看哥還算穩定，稍稍鬆口氣回台北，卻也鎮日心神不寧地盯著新聞。

終於，接到高凌風電話，我忍不住一開口就訴苦：「你把我哥哥害慘了，每天都是新聞。」高凌風就用安慰的口吻說：「我明天就去投案，放心，看新聞就知道。」不知道嚴重性，還是忠於老闆高凌風交辦而已。事後熊哥覺得他自己很笨很單純，全台灣有誰不認識他高凌風，既被通緝，他是絕對逃不掉的，當時只有出面投案一條路。

這就是後來我抱怨老爸，沒有告訴我們做子女的外面有很多壞人，行事要小心，我倒不是說高凌風是惡意的，經過此經驗，熊哥說得到一個天大的教訓。

走出牢籠重見天日的那一天，高凌風搭飛機在松山機場落地，而我哥則坐國光號回台北。重新呼吸到自由空氣，這世界沒有比它更好了。

我永遠都記得他進家門那一刻，父親展開笑顏，只說了一句：「回來就好。」

並準備了豬腳麵線，當然，也不免俗地跨火爐去霉運。之後沒多久，哥哥去美國旅遊，愛上那裡的生活，就留下來了，一去快三十年，之後每次回來都是探望年老多病的父母和送終，人生真是悲哀！

今天要讀 Hedonist Poet

我決心不管以後發生什麼事，永遠都將用一張充滿笑意，甚至和藹可親的臉龐與命運對抗。無論它的打擊多麼沉重，撫愛多麼親切。

第三部

我的婚姻

1 ＝ 我嫁的不是富二代

愛情經不起平淡，親情經不起波瀾。我挺直肩膀，願意扛起養家育兒的責任，但並不就意謂著，凡事都必須犧牲與屈就。當心靈受苦，也曾對上蒼質疑，如今試著用文字撫平，逐漸找到療癒的答案。

浮浮又沉沉間，總希望，有生之年不虧待每一份熱情，不討好任何的冷漠，以適合自己的方式，活出每一階段的漂亮。

感情初萌芽，多想大聲向全世界宣告自己的幸福與幸運，只可惜女藝人為顧及票房的熱度而沒有這權利。談戀愛談得是常人難以體會的辛苦，誰也不敢主動講自己交男朋友，否則就是自毀前程，也碎了粉絲的心。

那個年代，只要交男朋友是唱片公司不允許的，因為會影響票房和粉絲對藝人的喜愛，可是我並不在乎名利，明明有男朋友為什麼不承認？所以，只要有記者問我，我一定會說有交往對象，甚至他奇特的姓，我也不隱瞞。

認識男友的一開始，他就向我求婚。我當時才二十一歲，他二十四歲，我事業才要開始，才要賺錢養家，怎麼可能結婚？就在我二十三歲出第一張唱片《愛的羽毛》之後，算是我事業另一高峰，同一張唱片還紅了另一首歌〈只愛我一個〉，歌詞簡單，很好上口。

第二年，又開始準備第二張唱片，後來給自己設計了海軍裝，由於自己對造型有天分，又經過模特兒時期的訓練，我一人完成兩張唱片的服裝設計，算是非常成功，給觀眾截然不同以往火辣性感的印象。

但是，最後終究愛情沖昏了頭，我還是選擇結婚，就在決定好婚期時，發生哥哥帶槍被抓事件而臨時改成訂婚，宴請親朋好友，說是訂婚，其實當天只有少數幾個人知道我結婚。

結婚證書也有了，本想之後補辦婚禮，但是半年後發現懷了老大，結婚照還是大兒子六個月大時補拍的，由陳文彬大師親自操刀拍攝，因為以前在時報週刊、各大雜誌與他合作無數次，所以我信任他的技術。

婚後滑落了事業線，愛情的開始，無異就是星途的結束。而我，不會想那麼多，就呆呆的什麼都直言無諱，以致於付出「慘痛的代價」。那個年代真是保守得不可思議，一結婚，秀約果然就立刻停頓，一天平均損失一萬元，算不算「慘痛」？

難道我生錯時代？二十一歲青春時節，因前夫與小亮哥在外島福利社一起當兵，退伍後在希爾頓飯店的朋友生日聚會上遇見我，驚為天人（前夫形容）而展開熱烈的追求。情竇初開，陷入情網時暈暈的：「他究竟有什麼好？」同學常問。

「我們就真的來電啊！」少男少女彼此交託真心，愛情哪裡需要理由？我跟同學說起他種種的優點：「二十歲出頭就要應付社會的五光十色，他了解我的疲累，肩膀給我靠。」前夫娶我回家，我事實上也歡喜著、嚮往著，以為婚姻就是把自己帶往一個嶄新而不知愁的新境界，那兒終日花香蝶舞，王子把我吻醒，捧在掌心裡。

事實呢？又非如此。

回想我們交往才一個月，我思前想後，覺得兩人這樣下去好像不太妥當：「他還年輕，才大我兩歲半，怎可終身依賴？我是大姐，要賺錢養全家的。」雖然周邊朋友都形容我們郎才女貌、超級登對，但我心裡不踏實，覺得他太年輕不成熟，就跟他提出分手。

分手才知難捨，我想念他。有一天，華視訓練班同學梁容問起：「怎麼沒見到妳男友？」我意興闌珊地回答：「我們分手了。」「如果放不下，那就打電話給他呀！」當時我們為了拿「演員證」每週都要去上課，同是演員訓練班畢業的梁容勸我這句話，繞在耳際，越想越煩。

利用下課十分鐘，打了第一次電話去他家，沒人接，我想無緣了，梁容又催我再打一次，就在上課鈴聲的前一分鐘，拿起電話再撥一次，電話那頭有人接電話了，一個熟悉的聲音，他問我在哪裡？我說在上課，他問我地址。

沒想到，一下課步出教室，就看到一個人穿著白上衣、緊身牛仔褲、及膝長筒馬靴坐在大門口蹺著二郎眼對我笑，想起第一次在希爾頓見到他時，他穿一套黑絲絨西裝，圍了一條黑白格子圍巾，當時覺得像極了劉文正的打扮，同時留了一頭幾乎及肩長髮，瘦削的臉龐和身材，一百七十六公分的他，體重才五十六公斤，而我就喜歡這一種溫文儒雅又時髦的男生，當時身邊的人都說我們很相配。

從這一通電話，決定了我不可思議、甜蜜又帶點悲慘的命運，幾乎萬劫不復的人生。這就是我的命。

第一次帶他回臥龍街的家，爸爸皺著眉頭說「不三不四」，爸爸看不慣一個男人留長頭髮。

和好如初之後，我們像一般小情侶逛夜市、看電影，已準備過小夫妻的平凡日子。我還安慰他：「我很好養啦！一個饅頭加一顆荷包蛋就開心了。」談了五年戀愛後，我二十六歲就跟了他，沒有舉行正式婚禮就「悄悄地」結婚生子，圈內知道的人不多，直到有一天，懷著老大七個月，醫生要我多游泳，在社區游泳池畔，遇到一位週刊記者，才曝光結婚的消息。

結婚前，我不否認，高凌風冒出來苦追確有其事。我們一起跑場作秀，日夜相處，但因為對方花心的現實擺在眼前，我始終理性應對，從沒有被甜言蜜語所迷惑。「約妳吃飯妳都不去，那我去約別人囉！」聽高大哥這樣激我，我才不上當，總也不為所動地回答：「那就請便吧！」

前夫一路看這態勢，深覺不妙，眼見女朋友就要被搶走了。他每次都是開白色「跑天下」來接我，在當時這款車已經是很拉風了，而高凌風開的卻是「凱迪拉克」。

哼，輸人不輸陣！有一天他跟我借四十萬。我問都沒問就把錢給他了，沒想到第二天他開了一部棗紅色「雷鳥」出現在我面前，我嚇呆了！問他：「你的白色跑天下呢？」他說：「賣了！加妳借我的四十萬換了這一部車。」天哪！我生氣也沒用，車都賣了，只是當時跟我借錢買車、換大車去和高凌風 **PK**，這是什麼邏輯？

我們結了婚，當我生完大兒子之後，身材很快就恢復，卻無法再上電視了，因為當年結了婚就是代表演藝生涯的結束，而我甘之如飴，真正為愛犧牲自己如日中天的演藝事業。幾十年的婚姻中，曾發生前夫被倒，光投資現金就一千六百萬元。在三十多年前，我們賺的錢就這樣付諸流水，而我還傻傻的守著這個家。

想想，我對前夫真的是很不錯。很多人問我，我看上他哪一點？他雖是基隆海事學校畢業，學歷不高，退伍下來在姐姐的貿易公司上班，一個月才收入五千元，但他聰明好學，聽收音機播放英文歌曲即自修英文，不滿三十歲就得到賞識去外商公司擔任總經理，成為社會菁英，這點，不得不服氣。另外，也可能是我英文不好，而他卻能和外國人用英文對話，這一點也是我崇拜他的原因之一吧？

記得嫁給他之前，正是我事業最好的時期。出唱片、作秀、主持節目，全方位的衝刺，記得有一年除夕夜，我一個人在飯店吃泡麵，從大年初一唱到初十，一天五場，真的是累爆了！這就是我的做秀生涯。

當紅之時嫁為人婦，不能說不是為愛情「犧牲」，演藝生活也告一段落。婚後還和公婆同住，前夫在大姑鞋廠上班，收入極為有限，絕非外人口中的「鞋廠小開」或是富二代什麼的。他就是普通拿薪水的上班族，好命娶了個不愛錢的軍中情人。

婚後因我的幫夫運而有一小段時間「發」起來，不過，他後來辭去外商負責人工作，開始玩股票，也只曇花一現。股市大好賺進五百萬，我們夫妻正為這樣的轉運而欣喜不已之際，沒想到繼續下碼反賠五百萬，還好當時我還有很多秀約，在台北西門町「巴瀝史」、林森北路「太陽城」日夜趕場作秀，幫前夫補足四百萬才免生一場金融風波。所以，我好不容易作秀存的錢，又給他補了這個洞。

錢坑隨時要補之外，我固定拿費用養婆家、卻沒有再照顧娘家，現在想想真

剛生完大兒子的我。當初為了恢復原來的身材，每天都去跳韻律操，很快就恢復產前曼妙身材。

是對不起父母。年節還要加倍準備紅包才足以應付大家族。我是藝人，的確賺得快、也賺得多，有錢本可大家用，只要我承擔得起，與親人分享理所當然，我原沒有任何委屈或抱怨，畢竟夫妻本是同林鳥，更何況很多人說我嫁得風光：「小熊交到這樣出色的男朋友，有眼光。」圈內總傳我嫁入豪門，價鞋業小開……，一切都是命啊！其實天知道我還要每個月補貼家用，即使前夫被跳票倒債，我也一直支持他。現在想想真的很笨。

♪今天要聽〈祝你幸福〉

送你一份愛的禮物，我祝你幸福不論你在何時，或是在何處，莫忘了我的祝福。人生的旅途有甘有苦，要有堅強意志，發揮你的智慧，留下你的汗珠，創造你的幸福。

2 ＝ 公婆對我很好

夜已深，返家的人，有失敗落寞的，有曾經懷抱夢想的，更有注定只能活在邊緣，靜靜看著一切與自己擦身而過的趕路人。

不必刻意忘記，宗薩欽哲仁波切不就說過：「這一生非常短暫。下一次，看到相識時，你也許是已轉生，甚至不會注意到他們。」小說家瑪格麗特・愛特伍也寫：「被愛是你最後的幻覺，放下它你就自由了。」

那天朋友問我，如果我的人生故事改編成電視劇，我希望演出劇中的哪個腳色？我回答，演我婆婆。大家以為在說笑，其實，我是說真的。

婆婆因為憂鬱症而不出門，頭髮長了也不肯出去剪，好幾次由我操刀幫她修剪，用的是剪布料的大剪刀。我說：「我功夫好像不怎樣。」婆婆卻說：「沒關係，剪短就好，漂亮與否不重要。」這是婆婆很可愛的地方。

後來我買了一把剪頭髮的剪刀，除了幫兒子剪之外，就是幫她老人家修頭髮，而這把剪刀至今還留著，一直到現在我可以自己修剪短髮，大家都說我很厲害功夫了得。幾十年下來，我的頭髮自己染，自己修，三四次之後，才請設計師幫忙整理一次，我真的快變成全能的女人了，所以美髮院不容易賺到我的錢，但是我省下小錢，卻大筆的借給朋友，至今仍有幾位朋友欠我共一千多萬，拿不回來，只怪自己太相信別人。當時我整個人瘦到剩五十公斤，因為我只要犯病就不吃不喝、睡不著，簡直生不如死。

以前總有人說，好朋友借錢最後可能連朋友都做不成，後來印證果真如此！現在的我絕不大手大腳，因為要留錢養老，否則孤家寡人，誰照顧我？

不過，離婚之後我的多年好友，他是冠倫建設公司的老闆林建宏，我們都叫他「林主席」，因為他以前是台北縣中和市的民代會主席，做人非常講義氣、大方。在我被人家倒債之後，一時經濟周轉不過來，那時他義不容辭地借錢給我周轉，而且不收利息，至今我們仍然是很好的朋友。我非常感謝他當時雪中送炭。

這世界上還是有好人。

說到我婆婆，她也是大好人，對我也很好，算是上海見過世面的大小姐，還會講點英文，發音有趣。只不幸，來到台灣卻歷經艱辛地養大六個孩子，落差太大，難怪成天唉聲嘆氣的，常常情緒盪到谷底，甚至一面洗碗一面摔東西，大聲用家鄉話罵三字經，沒有指名，也不知罵誰，聽來也蠻震撼的。

應該不是罵我這媳婦吧？好幾次，看婆婆累得腰桿都直不起來，我就進廚房說：「媽，我來洗碗。」婆婆卻一次也沒讓我動過手，總是推開我，叫我去照顧小孩。我想，是婆婆嫌我，不，是嫌所有的人碗都洗不乾淨，總叫我把碗擺在那裡就好，就因為從來不讓子女幫忙，久而久之，大家也不動手了，辛苦的總是婆婆自己。當時只覺得老人家古裡古怪的，接電話尤其恐怖，粗聲粗氣地一拿起話筒就直接問：「喂，喂喂，你找誰啊？」先把對方嚇得掉了魂。

婆婆守在家裡，從來不出門，現代人叫「宅女」，摸摸這，弄弄那的整天團團轉，一分鐘也不肯清閒下來。這樣的怪異行徑，本來也令我摸不著頭腦，等到我親身經歷了情緒的混亂，明白它其實就叫「憂鬱症」，並不是隨口勸解或安慰幾句就可以不憂不鬱的。

我婆婆身陷其中，承受極大的痛苦，只是無人知道，當時無人拉她上岸。因為當年那個時代，沒有人知道這就是憂鬱症，想想也真可憐。全家沒有收入，靠小媳婦我每個月拿回兩萬元家用，擔心又憂慮，提心又吊膽的婆婆究竟認不認命呢？我其實半知半解。我自己是把父母給予我特殊的愛，變成人格的一部分，對人充滿情感，對事不輕易放棄，身上也沒留下傷痕和恨，只更加疼惜受苦的人，對家充滿責任感。

婆婆特別寵溺孩子，大姑跟我借二十萬元，我跟他們說，這是我要給我的爸媽買房子的自備款，最後要繳錢了，大姑還不出來，婆家東湊西湊，湊了二十萬元，剩下十萬元怎麼辦？又不敢跟父母說，怕他們因為未結婚前，夫家就向我借錢而反對我嫁到他們家，只好向高凌風借了十萬元，至今這十萬都沒有還給高大哥，這人情債就由我來揹。最後高大哥落魄沒錢時，他沒向我開口，這是我人生最大的遺憾……。

我賺的錢捨不得給自己買名牌，每次只要到超市買一堆家用品就滿足了購買慾。有時為了省錢還跳上公車也不以為苦，因為前夫接二連三倒債，又要每個月支助夫家，我為了盡孝心，自己連一個名牌包都沒買過。現在想想是我自己活該，對老公夫家太大方，怪誰呢？只是對娘家的爸媽覺得有所虧欠，女兒結婚了就沒

有再照顧父母。只有偶爾回家刷洗廁所、擦地板，聊盡孝道。

四十三歲那年，我得了憂鬱症加厭食症，公公煮飯為我開胃，由婆婆端過來：「熊海靈，快來吃。」我吃不下。

大姑出手呼巴掌那一次，我原諒了她。一方面她是女人，再方面，她也有憂鬱症，情緒沒辦法控制，我有同情心，也不願跟病人多計較。呼巴掌之後，大姑又拿

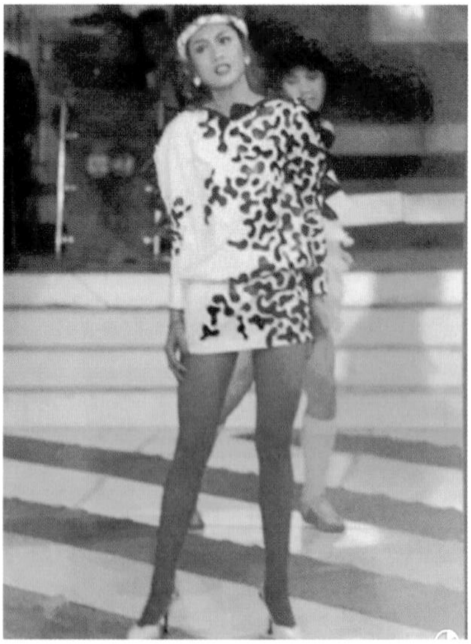

婆婆的五錢黃金手環來借錢，價值一萬元，希望借兩萬元，我沒答應，拒絕了她。之前也常常押東西在我這，最後也沒贖回啊！

婆婆從早到晚忙碌不堪，襪子手洗就算了，還用堅硬的毛刷來刷洗襪子，刷到脫線沒彈性，纖維都壞了。還不止這樣，襪子和內衣都要用熨斗來燙，也漂白。杯子呢？普通玻璃杯洗得太用力，反而洗成毛玻璃，這樣百年難得一見的強迫症，是我們婆媳緣分二十年來最深的印象。

我曾經跟二姑說，這輩子最不想變的女人就是婆婆，一個人包下全部家事，有嚴重的潔癖，要求完美，導致自己累得半死，這還不打緊，心理又不平衡，一面打掃一面罵人，看了真不忍心。

全家最正常的公公則十分疼愛我，常常做了滿桌好菜，第一個一定先問我：「吃吃看，好不好吃？」公公慈祥的問。我猛點頭。因為太好吃，深更半夜肚子餓，還會去偷吃，公公知道，很高興自己的手藝被媳婦肯定。不過，婆婆好像嫌公公做的菜太鹹，沒有很捧場。

感念公公三十八年來台後想念對岸故鄉的親人，三十年前兩岸開放，我心想：「孩子的爺爺，一定非常想回老家探親，幾十年不見～親人啊！」於是，拿了一筆不算少的十萬元給公公，後來公公又去第二次，那次我無力再金援，因為家中的房貸一直保持一千萬元，而我生完小兒子也無法外出工作，除了每個月家用兩萬元之外，我這媳婦無法再額外幫助夫家。

今天要聽〈想要跟你飛〉

半邊月、你的臉、我度過故事的圓缺，點點的淚像星辰掛黑夜、倒映在回憶裡的畫面人分別、心跟隨、我擁抱這份緣的深淺。

回首看見生命的不完美、對你的感謝未曾停歇，你那裡需不需要有人陪、你收不收得到我的思念，想要跟你飛，不免擱再找，陪在你身邊，我什麼都不缺，你那裡有沒有人能聊天，我想要愛你疼你像從前，想要跟你飛，天涯海角多遠我都不累，牽你的手，歲歲年年。

3 ＝ 兩個巴掌，擊垮我的婚姻

那一個冬日，整個透著寒意，每日初醒，記起某些往事，又同時遺忘。晃悠悠的夢境中有玫瑰，以為它是愛情的全部面貌，著迷於花香，卻忘了它的刺。愛情是玫瑰，擁抱會痛，等待卻又枯萎。

痛過、傷過，大大小小的疤痕肯定或深或淺的依然留著印記。要多一點時間，多那麼一點點就好，讓這疤痕淡到完全看不見。雖然在離婚時，舊物件已「拉雜摧燒」，我還是要留下文字，讓我兩個兒子閱讀爸爸媽媽發生了什麼故事。

我和前夫沒有驚動親友宴客就直接組成家庭，和公婆姑伯一個三代同堂大家庭同處一個屋簷下，以致於當時記者都說我「祕婚」。前夫在求婚時也悶悶地跟我提到家庭的複雜狀況：「唉！」他輕輕嘆息，夾著無法說出口的無奈，我當時按住他的唇安慰他：「不用多講，我是嫁給你，並不是嫁給你家。」

之後我遭受兩次摑掌，回顧這初衷就未免太過天真。婚後三代同堂，叔伯姑嫂的錯綜複雜，全一樣樣攤在眼前，挑戰著我們婚姻最殘酷的底線。

我和前夫婚後的第一個十年，只安定了前三年，小兒子剛出生，和婆家一家六口住在台北軍功路，我擁有的是地下室，為了生下兒子後空間寬敞些，才再到隔壁買下透天厝，也算新型態的三代同堂。

「給我三年，我就回到妳身邊。」前夫離家到台中上班，對我做了如此承諾，卻很快被現實沖刷如泡影。因為，事業一直一直……不停往下垮。

後七年，前夫因為在鞋業享有名氣，就受聘到台中鞋廠工作，台中與台北兩頭跑，週末才一家四口團聚，孩子的教與養落在我這「偽單親」身上，前夫幾乎等於缺席。這典型的聚少離多，促成夫妻出現感情危機的第一步。

而我一直認為一個成功男人背後要有一個成功的女人當後盾，但是萬萬沒想到，我寵壞了他，造成我停止事業、身無分文，在家相夫教子，造成他看我從一個家喻戶曉的大明星，淪為一個台傭和不停付出金錢和青春的糟糠之妻。

更不幸的，前夫財務始終無法穩定，長期處於赤字狀態。製鞋專業雖厲害，卻無用武之地，台中混不下去後，只好轉到桃園，居然去跟一位老闆做「票貼」。知道什麼意思嗎？就是收人家支票再借出去現金，賺取利息。

天下哪有這樣好賺的錢？更何況這票貼對象都不知打哪兒鑽出來的搞鬼搞怪。江湖路難行，連帶保證的他果然如我所料，因為對方跑路而信用受到波及，在我們婚姻的後十年，前夫再度失業，再次愁雲慘霧，一直往下垮，眼看一家子的好日子備受威脅。

世上的家庭，能夠聚合在一起，而不分崩離析，都是因為女人強大的韌性吧？「女」字旁加「台」成為「始」，作為一切的開始、打造基礎平台的都是女人。我是女人，為家打造平台。也因此，我又不得不跳下來救火，再拿爸爸安居街的房子抵押借款給前夫。「除此之外，我還能有其他辦法嗎？」我心在吶喊。

還記得，我抱著一百二十萬元現金，膽戰心驚地一個人開車到松江路與建國南路口交錢，桃園老闆的女兒來收，沿路感覺陰森森，好像拍警匪電影般碟對碟。

結果也是肉包子打狗，一去不復返。二十五年前的一百二十萬元，何其大啊！

這樣補錢坑補得沒完沒了還不算，帶孩子去美國之前，前夫居然又說要去廣州做鞋，開口再借兩百萬元，把我當提款機。我要養孩子，要過日子，婚後就沒拿過錢回娘家，讓爸爸靠著那麼一點終身俸節衣縮食，而出嫁女兒卻總是無止無境的為婆家補漏洞。

我思量處境，幫助前夫損的破洞，拿爸爸的房子去抵押五百萬元給他，因為我們自己的房子已經貸款一千萬，貸款滿了，我敬愛的爸爸毫不猶豫地一口答應，爸爸認為房子是我買的當然沒問題。只可惜時運不濟，一直到離婚為止，前夫借的五百萬元都沒有還。

加加總總，我在這個婚姻的實質付出，也算仁至義盡得到頭了。為錢傷感情之外，壓垮的最後一根稻草其實是家族暴力，無法置信的，大姐呼完巴掌換大哥，一家人對我恩將仇報。

前途似錦時毅然決然退出舞臺，沒有受任何人影響，完全是我心甘情願嚮往家庭。所以，我有心要做好。「我決定的事，不會回頭。」這就是我小熊。

問題在，前夫兄弟姐妹心態始終矛盾，既要炫耀自家風光地娶進大明星，能夠賺錢貼補家用，又用傳統禮教約束媳婦，炫與貶兩套標準，我要向東還是向西？媳婦難為，怎麼做都不討好，的確無所適從。姑媳問題始料未及地層出不窮，影響婚姻和諧，終至爆發「泳裝事件」及大伯、大姑打人事件，婚姻裂痕終究難以彌補。

平常磕磕碰碰不提也罷，導火線是結婚後，我已幾近消失螢光幕而回家帶孩子，一張泳裝照片竟引起軒然大波。

我同班同學是記者，在我息影後依然持續追蹤我的動態，有一天，報上出現一大張婚前為廠商拍的泳裝照，我事前毫不知情，否則會拜託記者好友萬萬不可刊登，否則落婆家話柄，就有理說不清了。

果然被我料到。我當時簡單地想，登報就登了嘛！風氣再保守，也不過是一張泳裝照片，那是婚前明星「工作」的一部分，怎麼就誇張到傷風敗俗啦！前夫大姐有意見時，我還輕鬆回說：「我老公認為我身材好，引以自豪呢！」真的是小事一樁，很疼我的公公也叫一家人不要再無事生非，當面斥責說：「她老公都不管，你們就別多嘴。」

該來的，躲不了。這一天，我帶大兒子回婆家，大姑拿著香拜拜，三歲兒子看見大姑過來就天真地奔上去叫：「姑姑，姑姑」。沒想到，大姑罵起來，說我們家沒大沒小。孩子受委屈哇哇大哭，我搶過去抱孩子問道：「妳罵誰？」大姑更大聲地回說：「就罵妳，結了婚還拍泳裝照片，丟我們家的臉。」

這個指控嚴重到汙辱我的人格，我立即反問：「我怎麼丟臉了，妳說清楚。」頓時，大姑一個巴掌打過來，我猝不及防而受到驚嚇，她居然打我。我是父母的掌上明珠，從不曾被打被罵，除了前兩次翹課，被爸爸打之外，夫家的大姐怎可使用暴力？

預感有時候很準。家庭氣氛不好已一陣子，我已做好「大姑可能會打人」的心理準備，此時有備而來，立即抓住大姑揮打過來的兩隻手問：「妳憑什麼打人？」然後，回煽一個巴掌過去，以牙還牙。

之前大姑公司缺錢，離婚後沒有生活費，只要有狀況就會來找我借錢，如今都動手了。這些不愉快的點點滴滴，激成反擊的一巴掌，好像用盡力氣渲洩出嫁後的委屈。我不是個心情容易起伏的人，今天被激怒，惹得兒子在旁邊嚇得哇哇大哭：「不要打我媽媽。」平常媽媽不是這樣，沒看過打人的媽媽。

哭聲吵醒了正在睡午覺的二姑，也揉著眼睛來餐廳問發生什麼事，一聽前因後果，她嘟囔著：「上個月，小弟的肚子才被大姐打傷，打到住院。後來她也拿榔頭打前男友的女朋友，打得頭破血流。」我心想，自己算幸運的，只是被呼巴掌而已。

這分明是護短，沒這個道理。我立刻撥手機給前夫：「你姐姐打我，你趕快給我回家，就現在，立刻，馬上。」聽我口氣不對勁，前夫用衝的進門，馬上拉我去婆家「調查」前因後果。

客廳空無一人，大姐的幼稚園女兒倒開口先告狀，說舅媽（就是我）打傷媽媽的腳指頭。我盡量壓下怒火，態度溫和、語氣堅定地說：「小孩子別在這兒胡說八道，今天大家講清楚。」前夫還算公道，問了大姐，也問了婆婆來龍去脈，最後全家啞口無言，讓大姐道歉收場。因念在女人離婚後心情不好，同是女人，我就原諒她。

然後回家化妝，趕去太陽城作秀賺錢，貼補自己的家中虧損和前夫無止盡的被倒帳，但說也奇怪！我這麼節省，不停作秀賺錢捨不得亂花，他卻可以厚愛自己，不停換新款手機。

有一天做保險的大嫂來拉保險，我也二話不說投保了，要退佣金，我也說不用，後來我才知道被保的人是有退佣的，因我自己會賺錢，就想讓她多賺點沒關係，之前大伯在我婚前向我拉保，我也沒叫他退佣給我，真是婦人之仁啊！

大家一定覺得很奇怪，為什麼大伯也來打我巴掌。源起於大嫂因為我沒有接受退佣，她覺得不好意思，就買了幾隻螃蟹來我家，聊天中她說，大伯追她的時候，家中大門口經常停了三輛進口轎車，一輛BMW、一輛賓士、一輛Jaguar，分別為大姐、二姐所有，我說不可能，她們二人都不會開車，又沒工作怎可能有名牌車，這下不得了，可能她回去之後和大伯聊到此事，以及婆家尚須我們每個月給家用，而揭穿他的謊言，所以找我出氣吧！

婚變來自家暴的很多，我也算了，但是打我的不是老公，竟是他老哥和老姐。公公也曾經無奈的警告我：「他哥哥會拿刀來砍妳，要留心。」

惡煞果然上門。

那一年的夏天特別熱，老大去上幼稚園，我剛生完老二，尚在月子中，我正拿奶瓶給兒子餵奶，門鈴這時候響了，誰呢？誰會到家裡來？開門一看，是大伯，兇神惡煞似的，我心一驚，想起公公對我的警告：「真的，來找我了。」

但，我不能慌，必須為孩子鎮定下來，我問：「找我幹嘛？」

大伯有口吃，一緊張，說話就更結結巴巴：「我，我，我……可……可沒有……姐姐……那麼……好……好欺負的。」好不容易等他說完，喔～原來是為姐報仇，我當時就十分冷靜的回說：「大姑先打我一巴掌，我只是還手而已。」

大伯有打老婆的暴力不良前科，使我當時分外緊張，深怕情況不對，拳頭隨時揮過來，小嬰兒會碰一聲，掉在地上可不得了。於是，我就趕快把孩子放在沙發上，抓起電話，大伯以為我是打給婆婆，還不停叫囂說：「妳打呀，打電話呀，我才不怕。」

他沒想到，我其實是打電話到公司給前夫。還只對著話筒開頭講了「請找總經理……，」大伯一聽火大，毫無理智的一巴掌就揮過來臭罵：「我操你媽的……。」打完的剎那，前夫正好接到電話。

一旁的大嫂可嚇壞了，剎那間我歇斯底里的對著話筒跟前夫尖叫：「你哥哥打我……，你現在，立刻、馬上給我回來。」大伯聽我尖叫要老公回來，碰一聲，重重打開紗門往院子走去，嘴上還惡聲惡氣不饒人的亂喊著：「小熊，妳有種給我出來。」

誰怕誰啊！我追過去喊：「你到我家來打我，有種不要跑。」接著罵：「我老公就快回來了，你還叫我出去幹嘛？」荒謬兼暴走的人生，令我忍無可忍，一看到前夫滿頭大汗的進門，我就衝上去：「今天你不解決清楚，我就跟你離婚。」

像看到外星球來的怪物，大伯的非理性行為令我費解。他從事保險多年，同一家人，從不談「回扣」，如今竟然恩將仇報。我不是竇娥，也不會喊冤到讓天地還我公道，我就要是非分明。奇恥大辱先忍著，並沒回娘家一哭二鬧。我小熊，遇到越危險的事就越冷靜沉著，不想讓娘家擔心，所以一直沒說。

哥哥的女朋友楊姐從我這裡聽到這件事的來龍去脈，反應很激動，要我哥哥趕快為我討公道：「你妹妹是女神，是你熊家的大千金，居然被打耳光、呼巴掌，之前姐姐打她，現在大伯又打她，熊家若再沒人出面，以後熊海靈要怎樣立足？」以暴制暴，情非得已，要比力氣，我家還有個魁梧碩壯的熊哥呢！只要說自己被打，被欺負，這還得了！

照熊哥的脾氣，當然就是立刻帶兩位男同事衝去找大伯算帳，哥哥問他：「你為什麼打我妹妹？」

他一緊張馬上口吃又犯了：「冰凍三尺……非……非……一日之寒，」正想解釋打我的理由。我哥哥立刻對他說：「廢話少說，這件事情，熊海靈滿意就是我滿意，熊海靈不滿意，我就不滿意。」

前夫正好要出差三天：「回台灣再給妳交代。」拋下這句承諾時，楊姐很機智，要我大哥做一趟司機，在車上把來龍去脈問清楚：「你明天就送妹夫去機場，小熊嫁他家，不是被打著玩的。」楊姐的意思是，兩個男人一路上正好談個仔細，為我爭個公道。前夫也答應三天後回來處理這件事。

我哥哥這才去機場送機，三天後又接機，接送間把三天中發生的事在車裡講個明白，前夫也沒多說什麼。進門後，我婆婆聞風先撂下警告前夫：「敢對哥哥怎麼樣，你就給我試試看。」

當晚，妹妹也來陪我和才滿月的小兒子等我前夫出差回來。不一會，電話響了，前夫接電話後告訴我：「等一下我哥要來。妳們不要在客廳，上樓去等。」當門鈴響的時候，我和妹妹在樓上偷聽，大氣也不哼一聲。

「說，為什麼打我老婆？」前夫問。

「冰……凍……凍三……尺，非一日……日之寒。」大伯又斷斷續續講了這句老掉牙的成語，結巴的他，漲紅了臉。

他如果是來道歉的，我就算了，現在居然是來說打我的理由，忍無可忍，我衝下樓，在電視對面的沙發坐下來，指著大伯質問：「我倒底做了什麼？」還沒聽到回答，前夫斷然地問：「小熊，不要多講。這一次妳要怎麼樣才消氣？」

我兩手一攤，說：「簡單啦！你當初怎麼打我，我就怎麼還你一巴掌，這件事就扯平。」

「哼哼！」大伯嘴一撇，鼻子哼出一聲，把食指放在鼻子上搖一搖，語帶輕蔑指著前夫說：「他，打我，可以……，妳打我，不可能。」

這討打的樣子頓時激怒了前夫，說時遲那時快，前夫一拳打到大伯的腮幫子，血，立刻流了下來，又糗又氣，愣了半秒衝到我面前指著我說：「我回去問我老婆，問出妳講我什麼壞話，我就再打妳十拳。」然後，一溜煙又跑掉。

轉眼看到前夫，出乎意料之外地跟在大伯的背後，我衝上去問：「你要去哪裡？」一時猜不到他要幹嘛？結果，他的答案令我火上加油：「我打了我哥哥，去道歉。」

「幹嘛？跟誰道歉？你去道歉，不就表示你打人打錯了，我也錯了嗎？」我

造成呼巴掌風波的一張婚前泳裝照。

一生氣，也有太陽風暴等級。面對不分是非、不明事理的一家人，讓我當晚哭腫了雙眼，還要收起眼淚去喝喜酒，當沒事似的。此時終於我領悟到，他們是親兄弟，畢竟一家人就是一家人，我是外人，永遠都是外人，無論做多少，都是沒用的。

說不定，前夫也努力過，只是裂了縫的家族和諧，怎麼彌補，細縫都還在。總聽人說，做自己，在婚姻的姑嫂妯娌關係中，並不容易啊！那大姐與大伯的兩巴掌斷了我婚姻繼續的念頭。此事之後，前夫又被倒債，好不容易快還清的房貸，一次票貼又賠九百萬元我真是欲哭無淚。

如果非不得已，夫妻還是要顧及孩子而維持家庭完整。一個家，要有爸爸，也要有媽媽，各有各對家的責任，否則苦了孩子。

「是怨是親終不悔，無愛無嗔總關情。」養兒方知父母心，那天無意中，看到我大兒子二〇〇三年寫給我的生日卡片，附上Tiffany的一條愛心項鍊，因為他知道我最喜歡愛心，叫他弟弟從美國帶回來的生日禮物送媽媽。

惹得我快要哭了！小留學生適應期很長，兒子也真可憐，才十幾歲，一個小蘿蔔頭自己提著皮箱上飛機，前夫不一定知道我們母子的無助。若說人生如戲，這裡有掌聲，那裡是嘘聲，不跟著掌聲嘘聲的分貝跑，自己的心志要夠強大，委屈是無法求全的。

♪ 今天要聽〈明日天涯〉

靜靜聽著，愛人，我為妳唱一首愛歌。當你明晨醒過來，再也尋不到我的蹤影，你會知道我已離你遠去。愛人，不要怨我。愛人，不要恨我。我原想與你消磨一生，無奈生命如此短促。

當我閉上眼睛，笑聲永遠留在耳邊。我雖遠離，愛情永遠留在心中。愛人，不要悲傷，愛人，不要絕望，珍惜我兩真摯的愛情，你我會在天涯相逢。你我會在天涯相逢。

兩個兒子小時候的可愛模樣。

（上）有一次幼稚園小班的小兒子看到媽媽在化妝，就說他也要化妝，我一時興起，把老大也抓過來，不只幫他們化妝，還幫兩個人戴上我的假髮留下這可愛的照片。

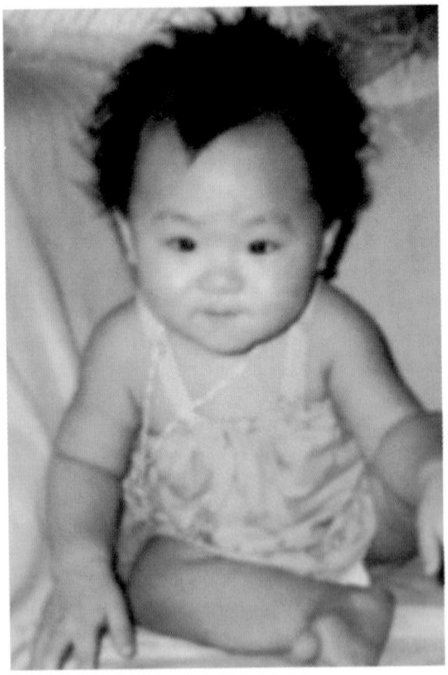

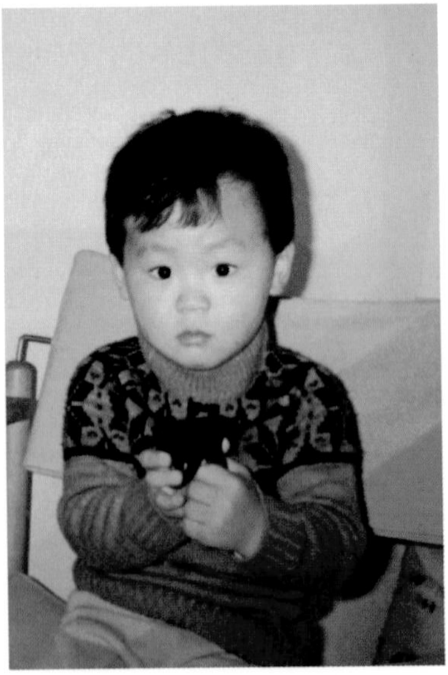

（左下）調皮的我，當初把大兒子頭上抹了髮膠，讓他的髮型變身「超級賽亞人」，模樣相當搞笑！

4 ＝ 婚姻破碎的導火線

往事沾唇，一小口便栽入醇境，醉意從來不是因酒而生，而是內心自省、追隨真心。經歷過磨難和波折後，時間療癒了我，靜謐淡然，不急不躁的為靈魂清點行囊。

驟然失婚後，我度過一段詭異卻恍若重生的時光，一場婚變，絕非世界末日，加加減減，獲得的比失去的多，腦內啡全速分泌大運轉：「那個沒有他的世界，原來也變化無窮。」不必刻意忘記，忘記時間的本質就是變異。面對親密伴侶，兩無虧欠。

婚姻的後十年，前夫往大陸拓展商機與門路，就如同台商到對岸所遭遇的波折與挫折，我除了金援之外，也總是帶著孩子在台灣默默支持。萬萬沒想到，丈夫「發」了，成為暴發戶，我這妻子卻被矇在鼓裡渾然不知，成為婚姻破碎的導火線。

才剛到美國兩個月，有一天我忽然問他：「爸爸，你到底愛不愛我？」那一天，我和前夫通電話時這樣問，他愣了三秒，回答我說：「大概還有那麼一點點吧！」

聽到這個冷淡的回答，我猛然的嚇一大跳，頓時興起不祥的預感，我知道，我們快結束了，也無聲的吶喊「完蛋了」，心情激動又澎湃，但表面卻仍然故做鎮定的告訴他：「我們離婚吧！」人生苦短，我不與自己作對，就痛快的撒出心意吧！

而，猝不及防的，前夫也不假思索的回應到：「好啊！」這兩個字，在毫無心理準備下，像雷聲重重敲擊著我。說彼此已沒有感情，當然是騙人的，但滿腔委屈，也已到爆發的時候，我克制不住的對他飆：「我們婚姻的後十年，你去大陸，把我們母子丟在台灣，從來不叫我過去。」只有剛開始要我去給他撐場面時才想到我，因為以我的條件和知名度，大陸的台商都會跟那裡的官員書記說，他老婆是台灣的知名藝人，這才能讓那邊的官員注意到他。有一次我趁暑假孩子放假去廣州花都看他，他叫我應酬書記的老婆，約她來家裡打打小牌，就這樣我和小薇成了好朋友，無話不談。

想起我認識他的時候，我剛進華視前途無限好，又年輕又漂亮，又是電視臺極力培養的主持人，結婚後無怨無悔的付出，經濟上幫助他，卻換來無情的拋棄。

嫁給他之前我是一顆閃亮的星星，他什麼都不是，而現在他事業起來了，就覺得自己是一顆耀眼的星星了，早已忘記我是如何的奉獻出青春和血汗？

到大陸買土地簽字需要我，我就乖乖的去了兩次。新愁舊恨交錯的那一瞬間，我腦子想起影劇大哥成龍的一段故事。成龍有一天去接兒子房祖名下課，跑錯了學校，林鳳嬌提醒，你兒子早已經上初中，別去小學找兒子。

前夫豈不是成龍的翻版？我不禁悲從中來問：「你這個缺席的父親，什麼時候接送過兒子？關心過他們的功課嗎？他們現在多高？多大？你可能都不知道吧！」小學時，連兒子念幾年級他都不知道，兒子成長期我要作秀賺錢，要打掃四層樓，幾乎沒有朋友。有一天我躺床上，心想熊海靈妳到底在幹嘛？妳賺的錢呢？什麼都不敢買，而老公卻每次回來身上全名牌，手上拿的都是最新的手機。

清醒迎受任何人的親近，也能從容面對任何人的疏遠。已成熟的我慢慢平靜下來跟前夫說：「快二十年了，你幾乎忘了一家四口聚在一起的滋味。」那，我是否應該感激？感激你搖撼婚姻那籠子，若不是這樣，我可能沒察覺到自己置身柵欄裡，直到你走到外面。

離婚，並非故事的結束、解決問題的方法。隔了一個禮拜，我接到前夫的電話：「小熊，我，我想跟妳和好。」因為我告訴他，兩個兒子對你不諒解，聽到我們離婚的事，一個砸破鑲在玻璃相框中爸爸的照片，一個用拳頭打牆壁，把木板牆打了一個大洞，當時我心想打牆壁的那隻手，到底有多痛啊？

「我幹嘛要跟你和好？」我了解這個和好如初的提議，完全是為了孩子。孩子以摔東西、撕照片來抗議父母的失和，令一個父親想辦法挽回，這本是人之常情。他說：「我們復合，當然給妳好條件，每年給妳五百萬。」從結婚開始，即使我不停作秀，也補不完房貸的缺口，因為他三番兩次的倒閉，投資失利，而我不停的付出。

這樣一聽，夫妻的萬般情義湧上心頭，腦子升起一家四口和樂融融的前景。我願意，我願意，不是真為了那五百萬，其實是因為還愛著他。只要能為孩子構築一個完整的家，我願意再給婚姻一個機會。

異鄉的孤單已造成，前夫顧及家庭破碎對兒子造成無法彌補的影響，身為一個父親，眼見兒子激憤的撕照片，也不肯認他這個爸爸，他慌了，傷了，覺得跟我復合是讓兒子回心轉意再認父，唯一的路。

他的央求，我接受。

等到十月，他說要給兒子過生日驚喜，前夫一臉憔悴的從台北飛到洛杉磯，坐在花園的花壇邊求我回頭。我看著他的臉，他的表情，拉我回到二十年前談戀愛分手又和好的往日情懷，當年的他，就是這樣放下身段，令我心軟的。

於是，我們去賭城迎接新的未來，人逢喜事精神爽，我手氣好玩百家樂，贏了五萬美金。我本來就是一向對自己節省，對別人大方。拿贏來的錢幫他付了大陸新工廠辦公室的傢俱，嶄新的辦公室，我卻一次都沒看過，同時他身為父親該付的兒子生活費，也是我從中代墊的，我真是豬啊！為什麼不自己留下來買點好的衣服或吃個好吃的餐館呢？結果他在大陸開賓士有傭人打掃，而我卻遠在美國獨自一人省吃儉用照顧小孩，就為了替他省錢。一直到我離婚時，整理家中的物品，我都找不到一樣他送我的東西，最後翻箱倒櫃終於找到一個他送我的黑色皮包，悲哀呀！

宛如再一次陷入戀情，我倆還計畫再生一個女兒：「現在醫藥發達，結紮還可以解開。」我鼓勵他，之後，因為老大已經自己會開車，我得以暫時回台灣。不料，一個鑽戒，又興起始料未及的新風浪。

之前去洛杉磯旅行掉了鑽戒，這次要求復合時，我提議要重新買一個，他說好，因為有人說婚戒掉了，對婚姻不好，他答應要再買一個給我。

太棒了：「我要買三克拉的。」頓時想起妹妹同學跟我提醒的，拿男人的禮物要快，難得前夫第一次主動送我，我就打鐵趁熱說，頂級的三克拉鑽戒要三百萬，雖然貴，我就是要這一種：「別的我不要。」

前夫答應：「好，買吧！妳自己挑，挑完我再親自去付錢。」

什麼意思？這回答有點古怪。為什麼要你親自去付？現金交給我，莫非還怕我虛報不成？車內的氣氛很冷，妹妹為避免尷尬就先下車。「小熊，妳今天跟我去大陸。若還是這個態度，妳得了憂鬱症，那就去死吧！」

這句話無情「叫我去死」的話打醒了我，我犯憂鬱症是因為我結婚第四年開

天真單純的臉龐，洋溢燦爛的微笑，這是剛與前夫熱戀期的我，真是少年不識愁滋味！

始就獨自一人帶小孩，他只有前面三年在台北工作，之後七年在台中，最後十年在大陸，我獨守在家裡，一個朋友都沒有，他一個月回來一次就是安排自己去打高爾夫球，然後就是丟一堆髒衣服要我洗，為了省錢，襯衫都是自己洗，他只要說一聲：「沒襯衫了！」我就幫他燙好，奉上乾淨筆挺的衣服。

我敢說一句話，他幾乎沒有照顧過我，在台中那七年，他一開始上酒店，朋友都會說熊海靈是他老婆，他就沾沾自喜，到後來玩瘋了就會告訴他的朋友，今天到了酒店，不要告訴店裡小姐我是熊海靈的老公，這是離婚後他的朋友告訴我的，我這個大白痴呀！跟了這種人整整二十五年。

若不是這句狠心無情的話，我還不清醒呢！頓時眼前一片黑，我罵他你這王八蛋，為什麼不早點放了我，我閉著眼睛死命搥他，當我睜開眼睛，他舉起手作勢要打我，我心想如果你打我，我要把嫁給你這二十年的苦難日子一次討回來。

當天，本來要跟前夫一起回大陸共同生活的，我說要離婚，你滾吧！他就下車了。從人間消失。尚未簽字，他人就不見了，打電話再也不接，一直到兩個月後，律師來電，說他已簽好字，還帶了一個證人在戶政事務所，我們就這樣結束夫妻關係。

離婚後，妹妹說：「離婚不是妳的錯，妮可基嫚這麼漂亮也離婚了。」弟弟遠在英國也打電話給我說：「妳當作他飛機失事死了吧！」一心向佛的弟弟如此安慰我，弟妹二人的話，讓我重新再活一次。

從三月簽字到八月，律師弟弟陪我，台中律師辦完手續，彼此看都沒看一眼。「鑰匙交出來。」我頭抬得高高的，但心如刀割，從此再也沒見面。大兒子大學畢業時告訴我：「媽，爸爸要來美國參加我的畢業典禮，他叫妳不要來。」我本來說好，但是有一天躺在床上，心想：嫁給他時一切配合他，幾乎什麼都聽他的，要投資即使我反對他也執意要做，結果一毛錢都拿不回來。

而今兒子畢業典禮卻不讓我參加，只會把爛攤子交給我，不斷地死守寒窰……，忽然我從床上跳起來，打電話給在大陸的他，我直接告訴他：「兒子畢業典禮我會參加，我不是徵求你的同意，只是告知。」我就掛下電話。後來在美國見面時，他看到我時一臉尷尬，不敢直視我，人做了虧心事就是這樣。

曾經熾熱、燈火燦亮，從結到離，從聚到別，從深愛到惆悵，從不捨到放下，從我到你，都回不去了。生活消費可以減少，但美感不能降低，不論高潮或低谷，女人還是要把日子過得活色生香。

♪今天要聽〈花戒指〉

你可聽說嗎？那戒指花，春天開在山崖，人人喜愛它。
有情人攀登山崖，摘了花來到樹下，編成戒指送給她，就像告訴他愛她。
你可聽說嗎？那戒指花，少女們珍藏著它，愛它的無價，有心人遍野尋它。
象徵愛情的花，這戒指花代傳情話，就像告訴他，愛他。

婚前一年，在香港維多利亞港拍攝。

一個熱情洋溢，一個充滿憂鬱，像不像瓊瑤時代的故事女主角呢？

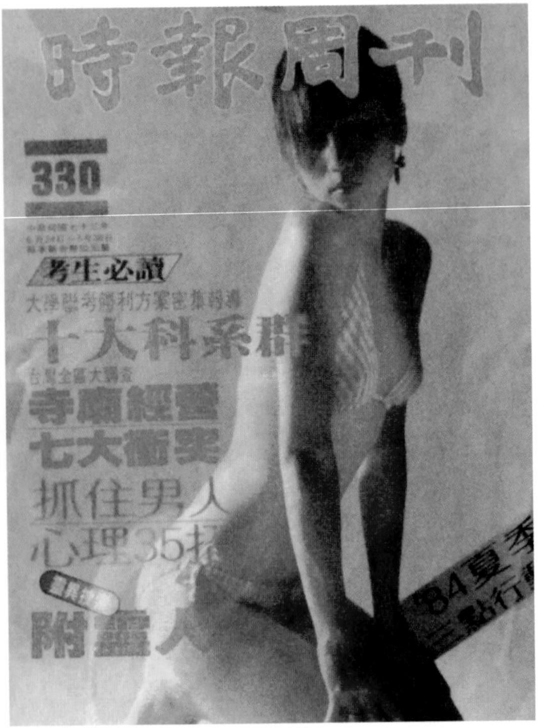

以性感的形象，拍攝雜誌封面。

右圖是幫皮草公司拍封面，當年的我真的很冶豔。左圖則是為了秀場表演，特別設計的豹紋裝，以現在的眼光來看，依然很時髦！

5 ＝ 緣盡形同陌路，多可怕的人生體會

結婚第四年開始，他大多在台中，七年後回台北，請問這期間他有關心我嗎？事業停擺後，回家唉聲嘆氣，我看他悶悶不樂，問他怎麼了？他說公司倒了，他是總經理被廠商控告，我又在旁邊安慰他說：「沒關係！還有我呀！」就這樣快還清的貸款，本只剩下一百多萬一下子又變成負債一千萬元。我是覺得愛一個人就是要支持他同甘共苦，又再一次回娘家要求用爸爸的房子貸款來五百萬，讓他拿去週轉。

結婚第十一年他沒了工作，在家又不講話了，我主動再問他：「怎麼了？」他說：「全倒了。」我真是太幸運了，嫁了一個這樣的老公，但我仍然鼓勵他去廣州，因為有一位朋友的爸爸留下一個鞋廠，沒人在經營，他去了，我說家裡交

給我，別擔心！從此經過十年，他再也沒回到我身邊。

夫妻間可以共用一把牙刷，比和爸媽子女還親，可是緣盡時卻形同陌路，多可怕的人生體會，老天是看不下去我受的委曲和磨難，老天也為我打抱不平，一句「去死吧！」打醒了我，我永遠不會忘記他給我這糟糠之妻這句話，我要感謝他在我頭上打的這一棍棒！謝謝我的前夫對我做的一切。

離婚後，孩子在美國，我一個人進入可怕的空巢期，尤其又一個人單身住在一個屋子裡，我堅強，我不哭，但習慣和兩個兒子同住的我，霎時寂寞孤單籠罩著我，所以每次進家門我都把輕快的音樂打開，把兒子小時候的照片放滿整個屋子，讓我覺得滿屋子的聲音，還有兒子照片陪著我。

但是有一天躺在床上，聽到一首歌〈箏〉，我卻哭了起來～讓我在風裡放一隻箏，回憶那無知歲月裡的真，讓那往事隨風輕輕吹動，緊緊地纏繞在風箏的兩頭，是我記憶裡的難捨溫柔，彷彿是你纖細的手將我的一生牽動，習慣在夜裡點一盞燈，等待那一生未能盡的緣分，縱然歲月無聲輕輕溜走，風箏已消失在遙遠的天空，未曾留下一句彼此珍重，只剩你無邪的笑容溫暖我每一個夢，這紛亂的世界裡，總有一些難掩的苦痛，悲傷的年代裡，終有一些坎坷的路要走。

「天有多長、地有多久，天真的你曾問我，許下的承諾要一生相守，怎知道世上還有悲歡離合……。」聽到這裡，泛紅的眼睛，終於潰堤，我獨自一人放聲痛哭……回想我無怨無悔，支持他、照顧婆家的經濟十八年，而落到被他拋棄的下場，我做錯了什麼？除了和婆家發生一些爭執之外，他難道沒有想過，我為他生了兩個兒子，在他不斷倒閉之後，我仍繼續守著四行倉庫，打死不退嗎？

結果他去了廣州，事業發達了卻視我為糞土，一腳把我踹開，連買了一部新車都騙我是書記買的不敢開借給他的，後來就在他求我復合，一起回去大陸準備和他同住時，被我拆穿他的謊言，我質問他為什麼連一部車都要騙我，他啞口無言，臉色一陣紅一陣青，回答不出來，可見得人撒了一個瞞天大謊被逮到的時候，臉上會有如此大的變化。

他只能回答一句：「騙了，就是騙了。」那幾天曾經是我心中的偉大的愛人老公在進電梯時，我們四眼相望，我盯著他那張既熟悉又陌生的面孔，他眼睛不敢直視我。後來他的朋友來台灣看我，說：「妳離得正是時候，至少還拿到一點錢，現在是他最有錢的時候，哪天他又倒了，妳什麼都沒有。」

我不承認那是贍養費，因為我也賺了很多錢，貼補在這個家和婆家，共養了婆家十八年。

果真數年後，在他娶了一個小他三十二歲的大陸女子之後，工廠沒了，錢也大部分沒有了，這是應了他朋友的話嗎？還是老天給他的懲罰？想必他現在心中應該也很痛苦吧！而他絕沒想到離婚之後我又回到演藝圈，而現在又紅了，這是老天在補償我，不忍心看到我婚姻中二十年受苦受難，讓我再度看清事實，我覺得我自己真的很棒，我依然還有能力賺錢，原本離婚時沒有自信的我，發現自己還是很有條件，這是因為父母留給我吃苦耐勞、絕不向惡劣環境低頭的本事。

爸爸的硬漢精神、媽媽的美麗容顏總在夢海中冉冉浮升。他們陪伴的美好時光，閃耀著記憶的瑩瑩光點！但離婚帶給爸爸無以復加的打擊，天倫有淚，哭溼了爸爸無盡的哀傷。親手把優秀孝順的女兒交到前夫手上，甚至連一個簡單的婚禮都沒有，換來的卻是出錢出力照顧婆家，還受到大伯、大姑毆辱。

離婚的消息，徹底崩塌了爸爸的世界。其實在簽過字後，妹妹怕我自殺，就帶我回家，我睡床、妹妹睡沙發日夜守護著我，替我瞞著家人。

長達四個月，我不吃不喝也不睡，一天只做刷牙一件事，胃痛、胃發炎，瘦得像個鬼，半夜才爬起來，為了吃抗憂鬱症的鎮定劑而胡亂在電鍋挖一口飯塞進嘴裡，然後再吞進藥丸，渾渾沌沌到天亮。

我之所以被打擊得不成人形，幾度失去求生意志，除了因為感情的餘溫還在之外，另一個原因是不甘心，不……甘……心……。我當紅下嫁，洗盡鉛華為一家人做羹湯，又在夫家需要金錢資助時，毫不猶豫的再披歌衫，懷著老大四個月時還在台北「巴瀝史」作了一檔秀，深怕台上摔跤，想想自己真是愚蠢可悲，就為了幫助老公減輕負擔。

前夫生意失敗幾次，我就出手救援幾次，每個月我給婆家兩萬元，過年增為五萬元，完全沒得商量的按期奉上。有一次，我提到：「最近你被倒了這麼多錢，今年過年是否可以減為三萬？」我話沒講完，前夫就說：「不行。」我可憐的娘家，結婚之後就幾乎沒有給過娘家生活費，只照顧婆家而疏忽了父母，真是不孝，他大少爺手機一支又一支的換不停，怎麼新潮怎麼炫，我這煮飯妹卻是連個名牌包包都捨不得買，省吃儉用的奉獻婆家，照顧幼兒，等這位大少爺好不容易在大陸做生意，發達了，賺大錢了，在廣州買了新房子，竟刻意把糟糠之妻矇在鼓裡，真的是吃我夠夠。爸爸這樣不貪不求的人，都曾經問妹妹：「你姐夫一個月賺多少錢，過年過節，你姐夫連一盒水果都沒送過。」當妹妹轉告我的時候，我真的啞口無言，我對婆家如此大手筆，他對我家卻從來沒有表示過。

SARS過後，房價大跌，已擔任製作人的妹妹秀珍買了安居街的三十六坪樓中樓，帶著女兒，便於照顧年邁的父母。窩在妹妹家三個月，蓬頭垢面、骨瘦如柴，天天來隔壁妹妹家吃飯的爸爸媽媽當然感覺到我的不對勁。十指連心，和我手勾手散步的爸爸好幾次欲言又止的想問：「秀慧怎麼這樣瘦啊！」又難以啟齒，直到有一天，家裡門鈴響，我在房間聽到爸爸問妹妹：「妳姐姐呢？」

這親情頓時讓我失控，去客廳叫了一聲爸爸，就忍不住崩潰大哭。立即衝回房間，是妹妹說了實話：「爸，姐姐離婚了。」話才說完，爸爸從餐廳走向沙發，一臉的驚恐，緩過氣後，進房拉住我的手說：「孩子，我以為女婿會照顧妳一輩子。沒想到……唉，妳要堅強。」爸爸輕嘆，從此沒有再問過我任何一句話。

第二天，爸爸叫妹妹去隔壁，兩人抱頭痛哭：「從小，姐姐就養家，現在她離了婚，無依無靠。妳要照顧姐姐啊！要一起住，別丟她孤獨一個人。」想起我少女時代，不願去金華國中上學：「老師講的，我都聽不懂。」爸爸就每天牽著我的手上學。是啊！從小到大都是爸爸牽著我的手去學校，兄弟姐妹都說爸爸偏心。

如今，爸爸為我哭，為我垮了。他一生硬漢，只哭過幾回。一是二弟在淒風苦雨中，二是回家鄉傳來奶奶已過世的消息，三是蔣公離世，四是家遇大火，又得急性關節炎，五是阿扁當總統，最後一次，就是我的離婚。我親愛的老爸，為了我離婚他居然痛哭失聲……我多麼不孝啊！

從此，爸爸不吃不喝也不動，全身很痛，卻不求助、不哀哀叫，有一次陪他去住院，聽護士說，從來沒見過比他更能忍的病人。有一次爸爸半夜上厠所，點滴針頭跑掉了，流了好多血，我忽然驚醒：「爸，您怎麼不叫醒我？」他說，看我睡熟，不忍心叫醒我，為了舒緩身體虛弱，我帶爸爸腳底按摩，平常捨不得花錢的他卻告訴我，按摩腳很舒服。

我最敬愛的爸爸，他這一生只有花這幾次按摩腳的錢，就在他重病臨終的前幾個月，一直到他生病不能走路之前，他連計程車都捨不得坐，想來真是令我心痛不已。

爸爸得知我離婚後，立刻發病，有一天她走到我和妹妹開的泰式餐廳，爸爸走過門口卻不進來：「我太瘦，太難看……」嘆口氣，又說：「秀慧啊！我怎麼變成這樣。」確診為老人憂鬱症後，我自己也因離婚，復發了憂鬱症，有時候為了照顧爸爸，我會回安居街為他煮餛飩，他卻只吃兩顆，衰弱到住進北醫，五千元打一次標靶治療肝硬化，我們做兒女全方位照顧，吃齋念佛的弟弟帶來錄音機，念經有效，血壓和心跳都逐漸正常。

不久又生病，確診肝癌後，病情惡化得很快，最後一次進醫院整整一個月，我陪在旁邊，看著生病而骨瘦如柴的老爸，和弟妹討論著爸爸到底知不知道他已經癌末了，怎麼什麼話都不交待，我就說由我來打聽一下好了。

有一天，我們父女單獨在病房，我問：「爸，我們來聊聊天，好不好？」

「好呀！」爸爸慈祥地回答。

「爸爸，您放心，我們會好好的照顧媽媽。」

「我放心呀！你們都很乖，不賭博。」爸爸笑笑說。

大哥數度從美國洛杉磯回台陪伴，假期結束要上班，常猶豫要不要回美國，最後一次是要走前兩天，從不麻煩兒女的貼心爸爸離世，為的是讓哥哥安心，不要再來回奔波。

媽媽的關心，不需要讀過書的裝飾，總是純靜中帶著無畏的力量，撫慰我失婚後的脆弱。「我是妳媽媽，你離婚了我都不知道，為什麼不告訴我，我很難過。」媽媽眼睛紅紅的說：「還是表姐從電視上看到妳離婚的新聞才告訴我。」怕我難過，就只講這一次，就再也沒有提過我離婚的事。

我從年輕二十一歲進入華視之後，就開始賺錢養家，除了照顧父母，對於兄弟姐妹也不例外，從小我跟爸爸感情就最好，他最疼愛的女兒離婚，重重的打擊到他，現在他一病不起，有一天我打電話給前夫：「我永遠不會原諒你，我爸爸把女兒交給你，你對我這樣，逼得爸爸病倒，如果我爸爸走了，我絕對不原諒你。」後來聽媽媽說，前夫曾經瞞著我偷偷來安居街探望過爸爸，應該是因為內疚，想求得心安吧！但是，我不饒他，此生絕不。

♪ 今天要聽〈當你老了〉

當我老了，眼眉低垂，燈火昏黃不定；風吹過來，妳的消息，就是我心裡的歌。

只有我一個人還愛妳虔誠的靈魂，愛妳蒼老臉上的皺紋。

難得跟媽媽在弟弟家除夕聚會時，拍的合照。

爸爸抱著小外孫，三人開心拍了這張照片。

6 ＝ 移民洛杉磯十年

搭上時光隧道的舢舨，搖搖晃晃地前往太平洋彼端的美國新大陸。人這一生，無非是認識自己、洗鍊自己，自覺自願的改造自己。每段關係都在倒數中，所以要珍惜每段關係的日常，在家人的需要上，看到熊家女兒付出的真誠本質，對兄弟姐妹的一切需要，毫不猶豫的承擔，即使是我哥哥。

一九八〇年，哥哥留營兩年後從軍中退伍，乍然踏入陌生的社會，前途尚未明朗。已有經驗能力的我，買了一輛二十七萬元的計程車給他謀生，而後到軍功路擺攤賣蚵仔麵線，我一試吃，太難吃了，只好草草結束。經我介紹進入綜一唱片做幕後工作，再轉到「凌風高歌」擔任執行製作，一路上，都有我這妹妹拉一把。

圈內人管他叫「熊哥」，很少人知道他是我親哥，顯見哥哥低調又內斂。老實不講話的他就是那個火災抱著集郵簿，慢條斯理逃出來的哥哥，軍服沒拿的天兵，當時還喃喃自語：「冰箱抬不出來。」

因為被高大哥放槍在身上而捲進高雄攜槍案，很多人才恍然大悟地問：「熊哥是妳哥？」開車路邊臨檢，警察看我身分證後跟我說：「妳哥就是熊哥，我們知道，在高雄。」嗯，我又紅了一次。

攜槍事件後，哥哥一個人到美國旅行散心，從此就愛上這片廣闊的新大陸，再也不想回到台灣傷心地。當時借住高凌風姐姐葛元慧家，每個月付五百美元房租後，哥哥生活十分拮据，一個便當分兩餐吃，又還要治療青光眼。

我帶著一個高一、一個小六的兩個孩子到美國尋找新的教育模式，遠度重洋來到洛杉磯，看哥哥短期內沒打算回台灣，於是就拿出三十八萬美金在洛杉磯蘿蘭崗用哥哥的名字買屋，讓兄妹海外有個落腳地。

剛搬進這新屋，還來不及買床墊，也沒有冰箱，只能克難的留在家裡吃餅乾。等我哥晚上十點回到家，看到我可憐兮兮，不禁問：「妳怎麼不開車出去吃？」

「我路不熟，不敢開車出門。」我怯怯地說。

「怎麼不敢？左轉再左轉，就會碰到鑽石廣場有賣中國食物，右轉有超市，再右轉，左轉……」說得倒輕鬆簡單，初到的人哪搞得清楚？更何況還要面對九一一恐怖攻擊後限制駕照、被老外差點撞到的諸多壓力啊！

移民的初階段的確有些難熬，但是爲母則強，為了孩子，我必須要戰勝環境，沒有選擇。「要建立自信，內心強大，世界才會大，不要不上不下。」這句話，提振了我這凡事靠自己的菜鳥駕駛。說來覺得自己很厲害，我自己一個人開車上路，60-10、605號公路，已經難不倒我。在美國，如果你不敢開車就休想出門，為了兩個兒子，我變得更堅強、更獨立，因為，沒辦法想那麼多，只有往前衝。不然，坐在家裡哭嗎？

很快的，孩子開始放暑假，兩個月來，我每天早晚開車接送孩子和同學到半山上的聖塔芭芭拉上暑期班，像接力賽似的，每遇到紅綠燈就因路不熟而起步超慢，總在出口的白線琢磨……再琢磨，終於磨出小狀況。

有一天，一個墨西哥女人看我慢吞吞，就不耐煩的追我車，還叭我、罵我。誰要忍耐這種族歧視？我立即毫不示弱的用中文大聲嗆回去。唉，可不？異鄉求生，就是常常會遇到「欺善怕惡」的鳥事。

在台灣曾經認真學習，原以為自己英文還算順溜的，沒想到美國考驗我有口難開，寫文件一個字母一個字母敲，碰到老外就緊張結巴，連出外買可樂加冰，也要練習好半天才敢開口。

有一次，為了慶祝兒子考試得到好成績，就去韓國店吃烤肉慶祝。本來沒勇氣去跟老外比手畫腳，但身為一個母親，必須為孩子硬著頭皮點餐，耶！終於成功了，自己很有成就感之外，兒子還拍手給媽咪一個「讚」，哈哈！

世事多變，等房子家具逐步安置妥當，哥哥卻意外找到工作，因為收入不錯，就自己花了二十八萬元另買新居而搬了出去。兒子當時也都住校，偌大的新房子頓時一個人落單，就種玫瑰花來打發時間，雖鏟土鏟到手痠痛，日子倒也規律。

台灣、美國兩地跑，我以「愛」加速了生活的適應。與其說「家」很重要，不如說愛更重要。有「家」，不一定會有「愛」，但是有愛，哪裡都是「家」，讓我安定、安全又安心。這是我移民生活的領悟。

♪今天要聽〈台北的天空〉

風好像倦了，雲好像累了，這世界再沒有屬於自己的夢想。我走過青春，我失落年少，如今我又再回到思念的地方。

台北的天空，有我年輕的笑容，還有我們休息和共享的角落，台北的天空，常在你我的心中，多少風雨的歲月，我只願和你度過。

風也曾溫暖，雨也曾輕柔，這世界又好像充滿熟悉的陽光。我走過異鄉，我走過滄桑，如今我又再回到自己的地方。

為洛杉磯家門前的玫瑰花灑水！種花和修剪花草是我每天要做的工作。

7 ＝ 一心一意彌補兒子身心創傷

生下老大後，瘋狂作秀五年，一面工作一面帶小孩，黑臉與白臉我一個人唱，精神非常的很可憐，就跟前夫說：「我們是不是再生一個？給老大作伴！」前夫說，自己也正有這個想法。

老二生下來，同樣忙碌作秀，四層樓的房子一人打掃，都是等他們睡著，才一個人躺在客廳沙發休息。偏偏孩子好動，只要睜開眼，兩兄弟就打鬧不休，講也講不聽，只好用扁的，最嚴厲時，用皮帶來抽。那是一個工作疲倦返家的晚上，我問他們：「洗澡了沒？」老大說洗了，我拉他們過來聞一聞，身上的汗臭味刺鼻，浴室也是乾的。

我一火，就先扁弟弟，因為他說：「是哥哥叫我騙妳，說……洗過了。」於是，把哥哥一起抓過來痛扁。這件事還被兒子拿到電視母親節特別節目講出來，讓我更愧疚，也後悔不已，當初為什麼那麼沒耐心，讓孩子存有恐怖的記憶。

雖然鎮日打鬧不休，但是從小哥哥就很愛護弟弟。記得弟弟剛學會爬步，我正在樓下晒衣服，聽到哥哥大喊：「媽媽，媽媽……，弟弟哭著要找妳。」我衝上二樓，看到弟弟已爬到樓梯口，哥哥情急之下，就用雙手環抱弟弟的脖子，這景象把我嚇一大跳，趕忙喊道：「哥哥，你這樣只抱他的脖子，不小心會把他勒死哦。」

哥哥非常喜愛音樂，尤其特別喜歡麥克傑克森，回家第一件事就是打開音響。有一次，弟弟要把CD片還給哥哥，樓梯口滑一跤，CD當場斷成兩半，他不顧自己的疼痛，嚇得半死的先問我：「媽媽，怎麼辦？哥哥的CD摔破，哥哥一定會把我打死。」

沒想到哥哥倒很淡定，一點都沒有生氣的說：「破，就破了吧！有什麼關係。」

兩兄弟個性迥異，有一次，我被他們氣到跑回房間，關上門大哭，後來弟弟進來看到我，嚇了一跳，馬上跟我說：「媽媽，對不起，我下次真的不敢了。妳不要哭嘛。」後來哥哥也開門進來，看到我在哭，也嚇了一跳，但是卻說：「幹嘛哭呀！妳這樣子，很醜耶！」

兩兄弟都碰到青春叛逆期，哥哥在小學六年級的時候，我有事去學校找老師，正好在樓梯口碰到哥哥，他問我說：「媽媽，妳怎麼來了？」馬上就很高興的主動牽我的手，可是到教室門口，又立刻把我的手甩開。我想，他是怕同學看到他長大，還黏著媽媽，怕同學笑吧！

後來兩兄弟去洛杉磯住校，週末接他們回家，在校園裡，兩兄弟同時把我推開，不要我跟他們走在一起。當下，覺得難過。男孩子大了，好像就不要媽媽了。心想，如果是女兒，是不是就會跟我手牽手，黏著我不放。

有一次我去美國看兩兄弟，看到哥哥的電腦頁面上有一個女生戴了一條項鍊，原來是哥哥在洛杉磯交了一位女朋友，買了一條銀製的 Tiffany 心型項鍊送給女朋友，我說：「這是世界大名牌耶！媽媽活到這個年紀都還捨不得買這個牌子的項鍊。」哥哥回答：「妳很快就有了。」

結果，我一月時過生日，哥哥託弟弟帶回台灣給我一條一模一樣的項鍊，還

大兒子難得陪我參加華視的聚會，

和小兒子不約而同穿著一樣花色的衣服，
像不像情侶裝啊！

難得的母子三人合影。

今年大兒子三十四歲生日，我們三人共進
晚餐！

附有一張卡片，看完卡片的內容，讓我內心激動不已，熱淚盈眶。

每當我過生日，兄弟貼心送 i Pad 和 i Phone 耳機給我當生日禮物，也讓我非常開心。記得有一次過年，小兒子從台中回來，一進門就拿一個紅包給我，紅包裡有兩千元，他說：「媽媽，這是我第一次給妳紅包，以後每年都會給妳。」做母親的就是這樣。一個紅包就可以讓我快樂開心很久、很久，這讓我體會到，當年我賺錢養家時，父母感到多麼欣慰。

有一次我去台中，在百貨公司看到一件洋裝與外套，弟弟馬上說：「媽媽，我買給妳。」這舉動，讓我感覺超級窩心的。現在兩兄弟住在安居街，一起作伴，他們打電動，我去打掃和做做飯，一心一意想彌補當年我離婚後，他們身心所受的創傷，以及長年吃外食的委屈。

沒有女兒，也是我這一生的小遺憾。話雖如此，我仍很驕傲，因為兩個兒子都非常貼心。大兒子曾經跟我說：「媽媽，妳把我們丟在洛杉磯，我們沒學壞，妳就要偷笑了。」

回想離婚後有一次回到台灣，大兒子第一次打電話給我，一開口就說：「媽媽，我發生車禍。」我嚇壞了，第一句問他：「人有沒有怎麼樣？」他說，有一對墨西哥夫妻闖紅燈，最可怕，那位太太還是孕婦，可想而知，他所受到的驚嚇程度，好在人車平安。

又有一次，從不開口要錢的哥哥打電話來跟我說：「我身上只剩一百塊，我要吃飯，車子還要加油，我都不敢出門，可不可以寄一點錢給我。」掛完電話，我躲在房間大哭一場，趕快打電話叫洛杉磯的朋友送去一點錢。當下，我對著自己說，熊海靈，妳到底在幹什麼？一手帶大的孩子，離婚後，獨自放他們在美國，居然讓他們身上沒錢，不敢出門。

我也怪前夫，小孩監護權既然交給他，他居然沒有把小孩的生活費處理好，就如同在大陸，只顧自己享受，疏忽照顧獨自在台灣帶小孩的我。

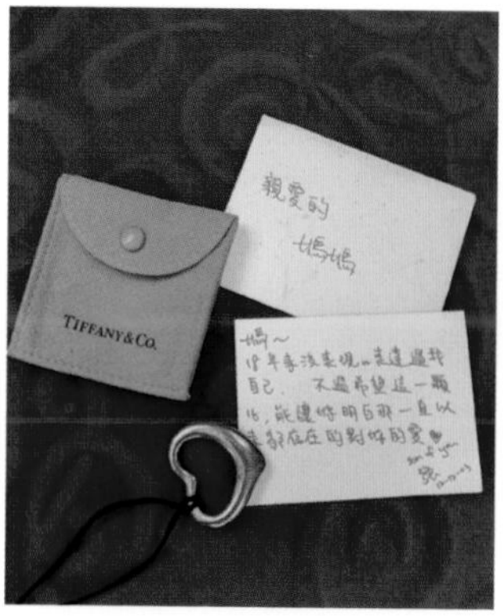

大兒子送的 Tiffany 愛心項鍊。他在卡片上寫的文字，讓我感動得哭了好久。

8 彷彿墜入黑洞般，憂鬱症無預警初犯

處在日夜不分、睡夢糾纏的空間裡，就像是在時間的亂流中的小舟啊！身心失序到有一種快要窒息的感覺。望向天空，烏雲很厚，雲和雲的流動之間，光在哪裡？

宛若殞石對撞，宇宙洪荒大爆炸，你體會過這種無邊無際的恐懼嗎？如果你曾經跟我同病相憐，就能明白它可不是「想開一點」，或是什麼「妳已經這樣厲害，還有什麼不知足？」幾句勸慰就可以釋懷，或者讓我們轉憂為喜的。

平順的一生，享有眾多厚愛與恩賜，我沒有一刻忘記貴人曾經給我的幫助。若說此生最大的坎坷，莫過於憂鬱症的突如其來。沒有人相信熱情如火的小熊會

自尋煩惱，沒有人相信助人無數的「浮木」也會有往下沉的一天。

憂鬱症來自腦子的血清素不足，跟心情沒有絕對關係，腦子產生一個討厭的病毒在作怪，是生病了，不會自動痊癒，必須看醫生。國內知名的一位腦神經研究教授：「一個懂得感恩的人一輩子不會得憂鬱症。很不幸的是，我們通常不會這樣想，總覺得順利是本分，有一點不滿意便上街去遊行罷工。」這位教授誤導了憂鬱症的形成與原因，憂鬱症是大腦的慢性病變，和感不感恩其實一點關係都沒有。

婚姻陷入低潮的那年，我覺醒到孩子的教育可能受到大人不愉快的影響。於是，海外再創新生活，帶著十二和十六歲的兩個兒子到洛杉磯讀書。

況且兩個小孩是我一個人帶大，爸爸很少在家，但是卻有朋友轉告我說前夫當時說：「小孩是誰有錢就認誰。」這一點我覺得他很膚淺幼稚，令人不解，什麼觀念？這些痛苦的折磨，前夫完全不理解，我打電話到廣州給他，說我不舒服生病了。他竟回我一句話：「妳是日子過得太好，太閒了！」天哪！我是因為你不停地倒閉，我賺的錢全沒了，你又十多年不在家，我才罹患憂鬱症的。

之後我問他：「你可不可以每天抽空五分鐘打電話給我，關心一下我和兩個兒子。」他居然回答：「辦不到。」

我真傻！當時我才三十八歲，還年輕，他竟然無血無淚，這些往事回憶起來好像很輕鬆，至今兩個兒子都不明白他們的爸爸是怎麼對我的。

但是老天終究有眼。覺得自己快窒息不能呼吸了，終於爬起身來，第一次走出客廳大門去按對面鄰居的門鈴，心想我再不找個人講講話一定會死去，但偏偏死不了，除非自我了斷⋯⋯。

從我離婚那一秒開始，我告訴自己：熊海靈妳要堅強要勇敢的活著，而且要活得更好，絕不能被打敗。可是按了幾下門鈴沒人開門，我又爬回家裡，全身僵硬的躺在沙發上⋯⋯。

用最後的力氣，上了跑步機慢跑中，面向爸爸留下來的照片崩潰大哭：「爸爸快來救我，我快不行了！」爸爸好像聽見了！一個心中只想當有錢人而忘了家人存在的人，就是我人生最大的缺憾，但也感謝他我才有兩個可愛的兒子，更謝謝他讓我認清人類最可怕無情的一面。

離婚的前一年，我帶兩個兒子到洛杉磯去念書，一開始我先買下房子請哥哥過來跟我們一起住，順便在人生地不熟的地方照顧我們，沒想到，不到一年我就離婚回台灣了，監護權歸前夫。之所以肯交給前夫來撫養兒子長大，是因為我始終相信，媽媽是永遠的媽媽，血緣永在，親情也難以割捨，日後母子不可能不相認。況且，兩個兒子去美國之前，是我一手帶大的，我覺得自己好像是無敵女金剛。

四十三歲那年，老公幾乎不在家，我一人獨自在家帶著兩個小孩，身邊沒有朋友，又三番兩次面臨前夫虧損的經濟壓力。所以，我的情緒絲毫沒有放過我，憂鬱症無預警初犯，一夕之間成為閉鎖的宅女。那段不忍卒睹的倉皇歲月，完全沒有出門走下樓的動力，一個人在家擦地洗衣，兒子四點半下課回來也渾然不知，鎮日昏昏沉沉的。

偏偏兩個兒子正是最頑皮的年齡，早上一睜開眼就開始胡鬧打架、沒有半刻安寧，整間屋子像快要爆炸，摀住耳朵也是震聲隆隆。那非常時期，我太敏感了，受不了任何聲音刺激，常被兩個小鬼激怒得發狂，完全控制不住。但孩子在我懷中熟睡，我心泛起溫柔，做媽媽的又跟兄弟兩說聲對不起，原諒媽媽，媽媽不是故意的。

想當年自己擁有各方關愛，歌廳的排秀黑板一打開：「小熊，妳要哪檔？」排秀老大總是豪氣地這樣一問，不是蓋的，我是要哪一檔，就有那檔。也因為曾經橫掃秀場，所以如今後悔在輝煌時期因結婚而息影，不過，再後悔也都沒用了，現實最為殘酷，錢財莫名其妙被前夫敗光光，只能為五斗米折腰而復出作秀，難免帶著落寞的不甘願。「怎麼落到這個地步？」午夜夢迴總這樣自問，問久了，得不到答案，憂鬱症此時趁機纏身，苦不堪言。

每次犯病都非常的嚴重，全身不舒服，有一種快要窒息的感覺。尤其離婚後，第二年爸爸就走了，導致很長一段時間，我完全不想出門，不接電話，電話響，就當沒聽見，聲音響在空寂的屋內，催魂懾魄。白天發呆，晚上也無法入睡，眼前群魔亂舞，自己分明就是電影《瘋女十八年》的瘋女，全身僵硬、披頭散髮。醒了哭，哭了醒，長達九個月沒睡著，可以想像神智不清到什麼程度。

食物放進口中，連吞的力氣都沒有，瘦得像鬼，我感覺到自己有如木匠兄妹得到厭食症，快要走了。有一次，整整十二天沒踏出家門，也沒有跟任何人講話，後來妹妹打電話給我，我才發現我的喉嚨是啞的，根本無法發聲，這才知道，原來每天在家看電視，看著劇中男女主角對話，我以為自己有講話，也更讓我明白長時間不開口，我們的喉嚨會沒有聲音，我以為自己成為啞吧了。住在對面的鄰居，經常看到我失神的模樣，想必覺得我行為舉止很奇怪。

隔著玻璃窗，外面的世界明亮而充滿朝氣，我為什麼被阻隔？犯病的時候，總加倍感到自憐與孤獨。張蓓心嫁到國外，王韻華也工作忙碌，我找誰說話呢？有一天，程秀瑛打電話閒聊，哇哇，終於有一個人傳來孤獨時期的友誼，我頓時感到無比溫暖，渴切與她交談。「妳在幹嘛？」從這家常一問，我們開始無所不聊，聊啊聊的，幾個小時過去，我方才發現，程秀瑛傳來的憂鬱症十大症狀，我居然全部都有，無一遺漏。

「持續的情緒低落、對周圍的一切事情失去興趣、乏力、記憶力減退。」程秀瑛外號小豬，她問我，我如夢初醒，頓時大呼小叫：「我有耶！我也有耶！」我說：「早上很難起床。我只想蒙頭大睡，藏起來誰也不見。我不想和任何人講話。我不想吃東西，也瘦了很多。」最可怕的是，天天失眠，無法入睡，記憶中長達九個月，實在太可怕。

我也發現：「沒什麼事情能讓我提起興趣。我一直都覺得很疲倦，看不到任何好轉的希望，也覺得沒什麼能夠好起來。」小豬接著說：「是不是很糟糕？什麼都記不住，事情也想不明白。我努力地想要積極一些，但是做不到。」

「對呀，我體重一直下降，降到不敢看體重機。」我也感覺到，以前挺乾淨整齊的一個人，忽然變得邋裡邋遢，蓬頭垢面。「以前挺機靈的，最近笨笨呆呆。想事情想到一半卡住了，回頭在想什麼，都記不住。失眠、焦慮、哭泣、無力……，天天在這些負能量中打轉，究竟要熬到什麼時候才能還我活力啊？」跟小豬聊完天，並沒有減低內心的煎熬，依然無計可施。

直到前夫的二姐看不下去我的日漸憔悴，我請她陪我去萬芳醫院掛身心科醫生沈武典的號。醫生找對了，撿回一命，總算大睡七天七夜，稍稍恢復活力與信心。

日子昏天黑地，晚上睡不好又頻尿，導致白天不敢喝水，缺水的身體必缺乏能量，健康更每況愈下地亮起紅燈，誰來救我啊？只好，再度向沈武典醫生求助，醫生指示我，絕對不能停藥，否則會復發。我乖乖照辦，往後果然逐漸好轉。離婚後這一次因為受到嚴重的創傷，又加上兒子在美國，我一個人在台灣，導致復發憂鬱症更加嚴重，簡直快要活不下去了。

幸好，和妹妹感情深厚，從小就有主見的熊妹等於半個身心科醫生，在復原路上為我做了很多關鍵決定。她擔心我想不開自殺，首先就建議我搬開熟悉的空間，以免觸景傷情。熊妹是個行動派，不辭辛勞地帶我到處看房子，從早到晚看了幾十間：「不喜歡……」我只一律搖搖頭，並沒有多說什麼。那陣子，出現前所未有的表達障礙。

住過四層樓透天又有兩個大車位的我，一般房子很難看得上眼，也住不習慣。找啊找的，終於找到現在住的安和路，在經過整修後，終於願意賣掉四樓透天厝，住在三十五坪的房子裡，一住十五年。時光飛逝，我一個人獨居那麼久，實在太神奇了。

雖然一住十五年，裝潢高級、品味高雅，因為生活習慣被父母教育得很好，高品質家庭用品使用多年，都被維護得像全新的一樣，客人讚不絕口，也都說不像住了十幾年的舊屋，還以為這幾年重新翻修的呢！

我把三房一廳改成一房一廳，作息空間非常寬敞，客廳以紅色沙發迎客，靠窗的單椅是我沉思的地方，薄紗圍起的大床，充滿單身生活的羅曼蒂克，極為美好。

以每天一小時的慢跑，跑到流汗來對抗憂鬱症，跑了一整年，很有用，終於恢復昔日「陽光美熟女」的風采，甚至比以前更開朗、更健康。病癒之後，提及過往數度犯病的地獄生活，總令朋友看著我的容光煥發（其實經常素顏）而不敢置信：「不像啊！小熊是糾察隊、開心果！外號不是叫長腿姐姐與性感女神嗎？怎可輕易被擊倒？妳要帶著我們永遠快快樂樂的，千萬不能生病啊！」

說到素顏，我真的是經常只簡單塗口紅就搭捷運，也不會因為有眼光投過來看我就不自在。四目相對時，友善點頭打個招呼，要合照，非常歡迎。

有一天，我開始練習打球了，扛著長長的高爾夫球具搭捷運去淡水，一個年輕的女學生穿著景文高中制服，看我手上有重東西，就站起來讓座，我問他，是因為年紀而讓座給我嗎？他說不是，因為我拿著很重的高爾夫球具，站著不方便，最後還要求跟我合照，因為她也認得我，好一個美麗善良的女孩。

密集上電視談話節目，也會忘掉煩惱而對治療憂鬱症有幫助，是讓生活重回軌道的良藥。我在剛離婚四個月消息曝光後，成為「藝人通告」冠軍，打開電視，這一台是我，那一台也是我，我妙語如珠地在節目中談人生、家庭和圈內種種趣聞，唱作俱佳，高潮迭起，一人分飾多角，還站起來表演，飆高了收視率，逗樂了觀眾，十分受到歡迎。一場錄影下來，重溫過去種種喜怒哀樂，釋放了情緒，也療癒了自己。人生苦短，別太執拗啊！重回影劇圈，讓我找回自信和美麗。

以前覺得自己不怎麼樣，沒有積極經營演藝工作，錯過許多大好機會。我現在倒覺得自己很不錯，常常告訴自己：「小熊，妳其實很棒棒啊～天下只有懶女人，沒有醜女人。勤快運動，六十歲身材還保持得這樣好，一點贅肉都沒有，皮膚也非常光滑。」謝謝媽媽把白皙的皮膚遺傳給我，修長筆直的雙腿，也來自堅忍不拔、屹立不搖的爸爸，再一次謝謝你們把我生得這樣好，你們辛苦付出一生，做女兒的永遠還不了，希望來世再結緣，做你們的女兒。

勤快不怠惰，被父母訓練而擁有做家事的超高天份，又喜歡默默幫助別人、不求回報。另外一方面，天生

密集的上電視談話節目，是讓生活重回軌道的良藥。

不羨慕、不忌妒，愛國又愛家，善良又熱情，「別人超越自己，就要反省與學習，再送上祝福，何必爭強好勝。」我總這樣想。

有憂鬱症痊癒的切身實際經驗，又以密集電視通告講出婚姻悲歡離合的各面向，我還成了心靈導師，差點要去開課。

望向天空，烏雲很厚，但在雲和雲的流動之間，也總是有光的。頻頻想著自己的終點，才會希望有生之年把俗務清理，然後揮揮手，不帶走一片雲彩。小熊，妳優點多，很棒的。替自己加油，我要迎向事業新高潮。

♪今天要聽〈真心〉

盼到了黎明，又怕讓自己清醒，有多少未知的莫名委屈，要讓我強忍著不能哭泣，我真的累了，累得想放棄逃避，逃回那不再有誰會在乎的過去。走過了風雨，在身上留下了痕跡。

回想起這一切，百感交集，分不清該可悲還是歡喜，我真的累了，累得我無法繼續，有誰能看見我那顆平凡執著的心，沒有人願意相信。

而一個小小的天地只屬於自己，卻如此遙不可及，我只想用真心做個夢，愛個人說些話，安靜地面對命運，但這無奈的心情，我又能說給誰聽。

第四部

我的願景

1 ＝ 陪青蛙王子最後一程

飲水要思源，得助需報恩，除非自己做不到，否則一定使盡洪荒之力加倍回報。也因此，當青蛙王子遭逢大難，既跳不動，也鳴叫不了的病重時刻，我這晚輩必是責無旁貸地陪王子走完最後一程。

某天下午和朋友在永和聊天喝咖啡，金友莊來電說，高大哥因高燒不退送到國泰醫院，驗血後斷定是血癌，因小金已和他離婚，又鬧得不愉快，要我陪同一起去醫院關心一下，同時隨行的還有高大哥好友楊忠民的老婆小蘭，三人到了病房，高大哥一時無法接受這個惡耗，趁她們兩人下樓買飲料時，我問了高凌風，到底怎麼了?他說他被一位大陸朋友騙了現金三千萬元，再加上和小金吵個不停，元氣大傷，發病了！這也證實了一句話，心情會影響身體健康，我的爸爸也是因得知我離婚，心疼我受盡委屈而一病不起，引發肝癌。

第二天豬哥亮、鄭進一也到病房探視，我也是第二天一大早趕過去看他。第三天新聞版面全是青蛙王子得血癌，震驚了每一個人和喜愛他的粉絲，當我再接到高大哥電話已是半年後，他化療三次，放棄治療回家的時候，他是一個喜歡熱鬧的歌壇奇人，年輕時他曾對我說：「熊海靈，存錢不足以致富。」但現在他後悔了。當初他如果聽我勸，趁年輕多存一些，也就不會在六十歲的時候變得如此……。

醫生囑咐他體弱抵抗力差，小心感染，他要我找人去他家陪他打牌，一個輕微中風手抖的楊大哥、一個打牌極慢的向娃、一個重病的癌症患者，不太會打麻將的我，反而成為速度最快的人，那天高大哥心情很好，不斷地播放西洋老歌給我們聽，談笑中兩將牌打了八小時，其實志在開心不在輸贏。主要是陪高凌風度過寂寞孤獨的下午，晚餐時褓姆煎一條大白鯧，高大哥胃口大開，吃了半碗飯。又過了幾個月，我約了圈中好友大百合、楊大哥等人去幫他慶生，他帶著口罩，當我們唱著生日快樂歌時，他笑了！但我卻明白，他身體快不行了！只是不敢說出來而已。只能當一個朋友陪在他身邊，在他人生最孤獨無助的時候。

「小熊，妳盡心盡力照顧老朋友，很仗義啊！現代現實社會很難得有這樣的好人。」圈內朋友看我成為高大哥的特別助理再兼告別演唱會的特別企劃，莫不對我鼓勵幾句。事實上，是責任已壓在肩上，又已做了承諾，就「一定要做到最好，完成使命」，硬著頭皮去幹吧！不喊累，也不叫煩，盡心照顧他，盡可能地找時間陪他處理演唱會的藝人名單。

其實，照護病人沒什麼了不起，可貴的是能和顏悅色、持之以恆，那是生命的另一種意義。

飽餐之後，繼續聊天，四人聊年輕時候作秀跑場的趣事，聊到半夜才離去，回家的路上，我一直想，高大哥以後怎麼辦？一人獨自面對病魔，身上又沒什麼積蓄，該如何是好？

帶著義氣與耐心來陪病人，看著高大哥在牌桌上興高采烈地恢復往日神采，回到熟悉的臭屁模樣，令我感到無比的惆悵，曾經風光的一代巨星。雖沒盡興，也該回家了。高大哥送我們出門，看著我們上車，以殷切的眼神呼喊：「再來喔～要再過來玩哦。」你說，怎麼能不珍惜當下？我們親如家人，希望他快快好起來，此情此景永遠都在。只要想開四健會，我隨傳隨到。

打麻將消遣之外，風流成性的高大哥也嚮往浪漫的旅行，但是他已經重病，身體虛弱，有一天他跟我說：「想要去一個有陽光、沙灘的地方。」當時看著他期盼的眼神，我不忍心拒絕他，而且他告訴我去三亞的機票已經訂好了，所以我們約好一大早六點在桃園機場見面。

第二天一大早出發前打電話給高大哥 Morning Call。鈴鈴鈴，響了幾十聲都沒人接，一直打，一直沒人接，真是急煞人，只好先跳上計程車趕往機場再說，來不及了。快到機場時，手機一響，高大哥終於捎來電話，讓我頓時鬆了一口氣。等了不久，航空公司櫃臺前，遠遠見到一個走路輕飄飄的瘦子戴著黑色口罩，推著三個超級大皮箱氣喘吁吁走過來，因為太瘦，皮箱大到幾乎把整個人遮住看不見，好像皮箱自己會走路，在清晨的機場有幽靈的感覺，詭異到有點不真實。

我趕緊上前幫弱不禁風的他提行李、拿護照辦出境手續。「你在一邊等著喔！別亂跑。」緊繃的神經漸漸放鬆，我擦擦冬日裡少有的汗珠叮嚀著。

高大哥很喜歡看我忙前忙後的，神情十分愉悅，嘴上還哼著小曲呢！好像回到過去作秀跑場的開心日子，完全不知道我剛剛找不到他是多麼心急如焚。算了，這次度假本來就是為他找開心的，推他晒太陽，看夕陽，讓他享受愉快悠閒的週末才是主要任務。

不一會兒：「對不起，沒有兩位的名字。」櫃臺小姐的聲音把我們從三亞的期待中敲醒，對著電腦查了好幾遍，這位有禮貌的酒窩櫃臺小姐仍然搖搖頭，好像跟我們同樣失望，說：「沒有，還是沒看到。」

望向高大哥那無辜又錯愕的表情，我才恍然大悟地問他，原來「根本沒有訂機票？」前兩天還問他，他還說訂了，莫非病到發昏，不知飛機是要預訂的，我們不是搭高鐵。

跟高大哥跑場多年，什麼光怪陸離也都沒少見，現在來陪病人，折騰也都在意料之中。高大哥明明說他自己會去訂票，卻沒有訂，就只好打道回府吧！

偏偏他又搖搖頭，非去三亞不可地站在櫃臺前不肯離開，像個任性的，又渴望出去玩的孩子。「現場買票，我們到香港轉機。」高大哥跟航空櫃臺打商量。

我拗不過，一方面希望滿足他的心願，另一方面卻也理性思考到，在這個天剛亮的早晨，真的狼狽奔向三亞，後面還不知道將發生多少措手不及的狀況，更何況跟一個病人跑老遠的。不行，得先想個辦法打消行程。

於是，我央求櫃臺合夥瞞住高大哥：「對不起，先生，機位已經客滿了。」方才說完，轉眼卻瞧到已無血色的高大哥滿臉的失望，心裡一酸，我決定這趟旅行絕對不能半途而廢，得想個辦法，轉個方向留下更難忘的回憶。

情急生智、天如人願，順利找到花蓮熟識的大哥馬上安排頂級的行程：「三亞沒機票，我們去花蓮也是一樣的，去住遠來飯店，好不？跟三亞一樣漂亮。」好說歹說，把高大哥哄上往花蓮的飛機，他一路流覽著窗外的湖光山色，終於忘掉三亞而熱切地迎接花蓮的陽光，用最熟悉的鼻音讚嘆大地的神奇：「冬天去花蓮，挺不錯的唷。」

我順著高大哥的眼光往窗外望，傍晚的花蓮天空，美得如此令我神往，彷彿有聖靈降臨。只是，讚嘆的白天過去，不平靜的夜晚已來臨，就輪我做台傭囉！半夜要送氧氣瓶過去，又不停地用手機搜尋名單，幫高大哥告別演唱會確定來賓，又忙又累，幾乎一個月都沒有好好睡覺，身體已經累到無法負荷，可是高大哥好像都不需要睡覺，還要跟我開會，到了凌晨兩點，我撐不住了，我跟高大哥說：「可以讓我先回房間休息嗎？」我累到快要中風了，我同時告訴高大哥：「我房間不上鎖，有事再敲我房門就好了。」回到房間照鏡子，我早已變成披頭散髮的瘋婆子，真是累死我了！

瞇了一會兒，想到高大哥說過，他有一個心願，就是希望兒子能來花蓮陪他，於是我又趕緊打電話通知十七歲的寶弟明天從台北飛來陪爸爸，稱了父子同遊的心願。

從麻將陪打、花蓮台傭到告別演唱會小助理，我捨命陪高大哥最後一程，整整陪了三個月，光一個告別演唱令人就會人仰馬翻，更何況還要推他去看病。我二十三歲時，一再告訴他趁年輕要存錢的這個概念。對照如今錢財散盡的晚景淒涼，他的揮金如土已成諷刺。

來得及挽救嗎？

熱愛生命卻自知來日無多，高大哥準備演唱畢生最後一場來替兒子存點教育費，我當然使盡洪荒之力幫恩人完成心願。擬來賓名單、邀約藝人、賣票劃位極為繁瑣，高大哥不會使用搜尋軟體，發一則訊息往往要一個小時，有一次手忙腳亂找陽帆的Line，找得差點昏過去，一急就要嘔吐，我必須隨時準備塑膠袋來接，然後再替他倒水、陪他吃飯，甚至有一天他想看電影，我就推著輪椅去華納威秀喝咖啡，這是唯一跟他看的電影，片名不記得，但是那開心的模樣卻永遠忘不了。

有一位參加告別演唱會的資深經紀人霸氣地非劃到第一排座位不可，這委實難倒我了。愛心滿滿的企業家嚴凱泰用高凌風名義捐出一部一百一十萬救護車，上有「燃燒吧火鳥」幾個醒目大字，還有許多行善集團也一捐就是幾十萬，前排的票早已被捐款企業家預訂。

我無能為力，當時引起這位大哥的不滿和誤會，讓我很受傷。不過，為高大哥的燦爛舞臺做收尾，我沒有停下來的權利，有一筆六十萬元金額的退票也是費盡心思才擺平。推著高大哥的輪椅去年代電視臺開轉播會議，我一個女人，力氣有限，許多熟人都來幫把手。凌峰大哥有一次說：「哈子，你真有福氣，現在有小熊陪著。」聽完這句話，高大哥哭了。

高大哥蠟黃枯瘦的臉頓時露出笑容，再看看我。「你何德何能交到小熊這樣講義氣的朋友。」凌峰大哥拍拍他肩膀說。其實，因為我恢復了單身，才方便為他奔波，否則，也不可能陪伴他走這人生最後一哩路。

三個月時間不算長，甘為浮木的我卻付出宛若三年的高度熱忱。當時也想，除了我，這時候還有誰能夠幫助他呢？我還記得當時，高大哥有時候會咳血，我就會找塑膠袋給他。

「妳怎麼做到的？」我這些舉動，很多藝人看在眼裡，常常會這樣問，我就回答：「將心比心，高大哥當年是怎麼提攜我的？」今天，我只是回報他而已。更何況，高大哥遭逢人生巨變，聽他黯然神傷的說：「我被大陸人騙走三千萬，房子也抵押，真的沒有時間了。」他掉下痛心又懊悔的眼淚，淚中含了如果生命可以重來，應當不再荒誕無忌的嘆息：「我還有小孩要養。」我聽了也相對無言，感覺命運捉弄人，病來隨風倒啊！沒有把握住的璀璨，必將回到原點。有幾人能在花甲之年，重新出發？

有一次，演藝工會老藝人聚餐，顧念高大哥日益加重的病情而沒有邀他。哪料到，高大哥急到非參加不可，自己坐著輪椅進來，形銷骨立外，摘下口罩後的臉因皰疹而一雙眼睛紅腫，嘴巴也潰爛得血跡斑斑。應該很痛、很痛吧。

現場頓時鴉雀無聲，看到這個場景，我心中很難過，但是只能面帶微笑，忍到演唱會順利辦完為止。

怎麼勸，不服輸的高大哥都不顧病體照樣滿場嗨，和每個人合照，又加Line，熱切邀請他們參加告別演唱會。

「流行歌曲代表那個年代曾經流行過什麼歌，曾經發生過什麼事。在我當紅的歌曲中，理解當時年輕人在喜歡或討厭什麼？想什麼或想不通什麼？」高大哥吃力地向老藝人傳達演唱會的精神，我就在旁邊幫他滑手機對外聯絡，間歇再仔細說明，說得口乾舌燥，回家喉嚨痛到三天都沒辦法開口講話。

伺候高大哥這種天生自嗨，永遠「入戲太深」的人來瘋頑童，其實並不容易。他率性又任性，重病在身還照樣開著紅色賓士車外出吃鐵板燒，差點撞到人。他愛熱鬧，朋友一約他，二話不說就滿口答應：「以後不准再自己開車。」這樣一叮嚀，自己又多了司機新任務。想到任務日益繁重，不免悲從中來：「快要被你折磨死了。手沾黏，又有五十肩，快中風了。」我繼續碎碎念。

此嘮叨也並不純粹開玩笑，我那三個月真的壓力纏身、夜夜驚夢，總害怕自己無力承擔好友的託孤。好在身邊許多老友替我打氣。」

鄭進一就問過我說：「妳這樣對高凌風，那我們這些老朋友如果有一天生病了怎麼辦？」我略帶幽默的回他說：「那你快病危的時候，一定要通知我，我才能去幫你呀！」四周的人哈哈大笑！我心想如果有一天我生病了怎麼辦？孤家寡人就自己一個人獨自落幕吧！

凌峰大哥住吳興街，為了告別演唱會特別去拜訪他，也聽到同樣溫暖的鼓勵，這些鼓勵我都深深記得，做為繼續說好話、做好事的動力。為高大哥所做的一切，只是盡一個朋友的道義責任而已。沒想到，告別演唱會籌備到一半，噩耗傳來，高凌風病逝於新店耕莘醫院。面對告別演唱會的過度艱辛，其實讓我有時候也表達不出什麼道義勸慰或心靈雞湯。我只是盡力而已。

幾經周折，旺旺集團原本吃下九十萬的燈光費用，由中視轉播，然而，華視才是高凌風與我的起家厝，當老東家華視表達轉播的意願時：「不要緊，給華視播。」旺旺集團大度量的退出後，歌壇一哥一姐頓時盡出，方芳牙齒剛拔完，特別從美國趕回來，沒彩排，化妝也沒好就跳上臺，全由緊實的臨場反應逗樂觀眾。

當天狀況層出不窮，考驗我處事的果決，也讓我學到協調的功力。攝影師急急問我：「熊姐，有沒有空出兩個位子擺攝影機？」「哇，沒有。」事不宜遲，我立刻到觀眾席把觀眾往前挪，才解決問題。

當天告別演唱會，定名為「藍寶石之夜」穩立燈光音響，跟隨高大哥將近四十年，也是盡全力的鼎力相助。

是非分明的魔羯座，大百合這群好朋友都叫我「糾察隊」，送高大哥最後一程，我小熊真的盡力了。

辦完告別式，一代巨星已安息，他的標新立異至今無人能破紀錄。

三、今天要看《鐵達尼號》

一個人一生可能會愛上很多人。等真正獲得屬於你的幸福之後，才能明白，以前的傷痛其實是一種財富，它讓你更好地把握珍惜曾經愛你和你愛的人。

高大哥離開的前三個月，陪他在花蓮，當時的他已沒有體力，所以坐著輪椅。

2 ＝ 沒有國哪有家？一定要選出一個很好、很好的人

承平時期，許多人以為日子平平安安是件理所當然的事，其實這是我們這幾代特別的福氣。就像席慕蓉說的，挫折會來，也會過去，熱淚會流下，也會收起，沒有什麼可以讓我們氣餒的，因為，我們有著長長的一生。

二〇一七年，我本來想退出演藝圈，因為我的人生過程已經很精采了，心想下臺的背影當然也要漂亮，所以，我再度出征，而週末宅在家看HBO電影《敦克爾克大行動》也引起感概。電影由第二次世界大戰真實故事改編，以過去的歷史告訴我們戰爭的可怕的。子彈不長眼睛，當年日本人引發世界大戰，最後美國兩顆原子彈投向廣島、長崎，才結束這場世界大戰，好不容易大家現在的生活富裕平穩了，中國人在世界嶄露頭角崛起，為什麼還要分你我？還要分裂？應該團

結在一起不是嗎？

蔡英文從小在富裕家庭長大，不懂得庶民的生活有多麼艱困，既辜負了選民的期待，也傷透了選民的心，每一次出訪都說「這個國家，這個國家」，不敢說，也不願意說「中華民國」，配當中華民國的總統嗎？

台灣從亞洲四小龍的蔣經國年代，到現在剩下的只是亞洲四小蟲最後一名，韓國、泰國甚至於菲律賓都已經在東南亞崛起超越了台灣。蔡英文不汗顏嗎？

午夜夢迴，抹著良心吃香喝辣，讓台灣這些庶民怎麼辦？

家父是湖北人，三十八年隨著蔣中正到台灣來，是陸軍裝甲兵上士，家母是台中豐原人，常常被綠營霸凌，叫外省人滾回大陸，我生在台灣、長在台灣，繳稅在台灣，憑什麼叫我滾回大陸？

許多人也是從大陸來的福建人不是嗎？為什麼不滾回福建呢？道地的台灣人是原住民，你們懂嗎？沒有念書，沒有知識，也要看電視，不管你們喜不喜歡當中國人，血液裡就是留著中國人的血脈，你們不是也同樣的過著春節、元宵節、清明節、中秋節嗎？為什麼連自己的祖宗都忘記了？

我們這一代賺到了一些錢，省點花來養老應該沒有問題，因為只要努力就有未來，可是下一代年輕朋友怎麼辦？台灣的經濟每況愈下，幾乎到了民不聊生的地步，年輕人只有兩萬五到三萬元左右的薪水，請問他們要如何養家糊口、結婚生子？

現在出現了一位庶民總統韓國瑜，他是藍軍最強棒，是中華民國的希望，令人振奮的是小辣椒杜杜姐也繼二〇一六年，代表藍軍披掛上陣拚總統大選，不畏艱難，不怕挑戰，來個不入虎穴焉得虎子？要深入綠營的大本營台南。

參與立法委員選舉以前，杜杜姐是訓導主任，當學生的時候，一看到訓導主任就會溜得遠遠的……，但是我現在要為她站台，因為杜杜姐讓我看到了台灣的希望，看到了中華民國青天白日滿地紅的國旗即將飄揚在台灣每一個角落，甚至於飄揚在全世界有華人的地方。就如她所說：「自己要成為前進時的光芒，而不是坐等別人黑暗中點亮燭光。」這句話，震撼了無數韓粉。

我支持韓國瑜是因為他讓我們看到青天白日滿地紅的國旗再次飄揚，我認同他的理念。所以，這次的二〇二〇選舉不是選藍綠，而是選方向，就是我們有共同的目標——我們要唱國歌，我們要大聲地喊出中華民國，我們要看到我們的國旗飄揚。

雖然我們眷村孩子出生在苦難的年代，生活清寒，但卻享受到七十年無砲無戰的和平，這罕見的，遠離戰亂的福分，需要一個有情有義，能夠同理、同情弱勢族群和升斗小民，多拚經濟、少拚政治的領導人來持續。

沒有國，哪有家？

為了自身與兩岸中華兒女的未來福祉，以及所有炎黃子孫的永久和平，我是站在第一線的韓門女將，大聲地說：「支持韓國瑜，中華民國二〇二〇的總統！」他EQ夠好、IQ夠高，能讓中華民國脫胎換骨，讓庶民經濟再次起飛，高層的政治環境再度清明。另一方面口才便給、化繁為簡，將自己的觀點清楚論述完整表達，讓普羅大眾可以了解並接受。態度也親和與人為善，化敵為友。

自己的國家自己救，一定要選出一個很好、很好的人。我認為，到目前為止，韓國瑜所有表現都讓韓粉覺得是最好的。「韓流始終不滅」，政治人物也看多了，自己雖沒有藍綠分界線，但認為人要有是非，看了這麼多政治人物，韓國瑜他的真，還有他的直率不做作，而且他有親和力、接地氣，這個電視上大家都知道，已經講太多了。

半年前，朋友跟我說：「熊姐，妳的維基百科被人亂改，改得很難聽，不堪入目。」我立刻上網一查，找朋友幫忙改了過來。我的政治立場清清楚楚，我不是支持韓國瑜，是支持他的理念，希望藍營大團結，下架蔡英文。不贊同沒關係，各自尊重。但是，我發現，網友開罵，改我維基百科，能罵熊姐的其實只有兩件事，第一，我是過氣藝人，第二省籍問題。叫我一聲熊奶奶，我就如它們所願，叫他們一聲乖孫子。

在這裡告訴大家，我爸爸是湖北人，我媽媽是台中人，我是中國人，懂了嗎？我天天都有在看電視，比酸民有常識，OK！我們的國號叫做「中華民國」，我愛青天白日滿地紅的國旗，我唱國歌。再講三次，因為很重要，我是中國人、我是中國人、我是中國人。

這麼多酸民攻擊韓國瑜，背負這麼大的壓力，還能聞風不動，還要肚量大到用愛與包容，我們都看不下去了，不選他，選誰？

二〇一八年雙十節，高雄市政府邀我主持雙十節國慶升旗典禮，現場群眾看到韓市長出現，大喊「總統好！」我受現場氣氛感染，也喊了一聲「總統好！」卻又被1450罵到爆，又說我過氣藝人，我覺得他們的邏輯很奇怪！如果1450覺得我過氣了，沒有影響力了，那又何必一天到晚盯著我的臉書看，然後再罵我一頓呢？有人甚至說：你去告訴你們韓國瑜啦！他不會當選啦！我在這鄭重告訴這些拿錢辦事的人，我不認識韓市長，也沒有和他聯絡的方式，只是無條件力挺他而已，懂了嗎？乖孫子們。

♪今天要聽〈思我故鄉〉

啊～故鄉！啊～故鄉！

那黃埔的潮汐，江漢的雨霽，龍門石闕的奔放，松花江魚吹細浪，雅魯藏布江輕聲迴蕩；還有那，我家近旁的小溪新漲。那洞庭的蘭佩，西子湖的花舫；二十四橋的月光。滇池三百里芙蓉，大明湖處處泉水垂楊。

還有那，我家近旁的荷塘新涼。那陽朔的山水，廬山的真面目；峨嵋金頂的佛光。石頭城龍蟠虎踞，天山落照裡遍野牛羊；還有那，我夢寐中的家山晴爽。

那小橋流水，那橫塘老屋，失落了月色星光；失落了炊煙笑語，失落了人倫天性的安詳。未失落的是渴望王師底的一樣心腸。

啊，故鄉！啊，故鄉！思我故鄉，神魂飛揚。思我故鄉，神魂飛揚～～

（右下）今年雙十國慶在高雄主持雙十節升旗典禮的英姿。
（左上）雖然韓市長的六場造勢活動我全到場，但因為支持者太多，我只跟他拍到這張照片，這也是這是我跟韓市長的第一張合照。

3 ＝ 一支穿雲箭，千軍萬馬來相見

韓家軍以「一支穿雲箭，千軍萬馬來相見」向全球華僑發出通關密語而期待「青天白日重新現」：「穿雲箭」出自周星馳電影《功夫》，象徵為主角「翻轉」情勢的動員暗號！韓國瑜披上藍軍戰袍，向海內外數百萬僑胞發出全球動員令：「一人一信翻轉國際視聽，一人一票翻轉台灣的命運。」

我這鐵粉也專程去夏威夷參加挺韓僑胞後援會，堅定挺韓，回台灣再南下彰化前往人體彩繪工作室，將Q版賣菜郎、國旗、米嚕等圖畫身上。「昨晚興奮得睡不著，老師幫我畫這麼美，實在捨不得洗掉，我要站著睡覺了。」我告訴彩繪師Betty。

一早，我身穿亮粉色荷葉平口洋裝找老師。之前的作品就非常厲害，我們才溝通三分鐘，因為我相信專業，完全放心交給她。我原本想穿一件綠色軍裝外套，但已經畫了Q版圖，到現場就不穿外套了。我是首創，大家一定沒有看過，早上十點多畫到現在，畫了快三小時，但為了要完美呈現，耐力、定力無極限。

庶民曲〈讓我陪你一起走〉在《中時電子報》粉絲團獨家首播後，網友好評不斷：「率真、有Guts！」。前奏讓人熱血沸騰，是很有感染力、爆發力的新一代「愛國歌曲2.0」，比當年規定要唱的淨化歌曲的〈一樹桃花千朵紅〉厲害多了。韓粉高分貝對我喊加油：「妳要再紅一次哦！」

韓粉真有人情味。那天南下高雄，帶了個師傅和一個好朋友同行，我們三人一起為建築界大老闆裝大螢幕電視機和音響。熟悉的事做起來順手，專程跑一趟高雄把事情搞定，就是夠意思的真朋友啦。回台北之前，親切的董娘請我們晚餐，然後要去車上拿幾面國旗送我，就在這時候，來自左營眷村的小吃店的頭家和幾位客人對著我，興奮的問：「哇，妳不是熊海靈嗎？常常在電視上看到妳。」我跟他們打招呼，還一起合照很多照片，邀他們來台北多聚聚：「有空，也來台北玩哦！」

這樣熱情的韓粉無處不在，我們相見後相約再相聚，大夥像家人一般，共同鼓動韓家軍的士氣，非拿下二〇二〇的超級勝利不可。為了喊出有效的「凍蒜」，我也參加過去不很積極的許多活動而廣結善緣，目前最重要的事，是團結韓粉，朝同一目標前進。在許多當下，人跟人同時積蘊了緩慢的對話情境，生活價值被有趣的交流著，有一個合宜的緩衝。

最近應邀參加旗袍協會，我上台講了幾句話，我告訴大家，支持韓國瑜是因為他讓我們看到青天白日滿地紅的國旗再次飄揚，認同他的理念，所以這一次的二〇二〇選舉，不是選藍綠而是選方向，就是我們要唱國歌，要大聲地喊出中華民國的國號，要看到我們的國旗飄在自由的土地。

大家加油團結才會贏，不要攻擊其他的人。如果膽敢把中天電視臺、中視關臺，就是與全民為敵……自己的國家自己救。哪一個政治人物敢站在台上公開說：「我願意為中華民國粉身碎骨。」因為韓國瑜當過職業軍人，這就是軍人的氣魄，我非常敬佩韓國瑜，因為他敢大聲地喊出他的理念，只有他讓我們重新看到青天白日滿地紅的國旗，所以我熊姐才會站出來。

《庶民大頭家》每個星期播五天，一次安排名人、藝人及庶人三種類型來賓，謝謝製作人翟倩玫，兩個志同道合的「雞婆」總能合作無間。六月間，我替中視主持新竹、高雄等地數場的《庶民大頭家》外景，現場旗海飄揚，萬聲雷動，青天白日滿地紅，沸騰了每顆韓粉的心，大家穿著國旗裝來助陣，表達支持韓國瑜的決心。二〇二〇，我們一定要贏。

選總統，不是選模範生，不是選孔子這樣的聖人，要選出一個貪汙就關到死的人，其他政客哪敢這樣說？能做事的人才能救國救民。他不是國民黨裡最優秀的菁英；但「人民自會做主」。這話就講得厲害了！我支持的是韓國瑜的理念，不是個人。英國著名畫家約翰．柯里爾畫下油畫〈馬背上的 GODIVA 夫人〉說：「真正的高貴，是心中明白自己該去救濟他人時，就勇敢去做，而不會過多考慮他人是否會因此而感恩，更不會因他人的回應而改變初衷。」

偽善即使再高明，也敵不過時間的考驗，在事實和危機面前總會真相大白，真善不需要裝，退去浮華也會一直永遠美麗。爸爸也教過我，只有真心為人，才會獲得別人的真心。某天兩點鐘，練完歌回家，樓下看到阿婆在做破爛回收工作，我問阿婆，有一些紙箱她要不要？阿婆說：「好。」

我就拿下去給她，看到她一個人把樓下餐廳丟掉的白飯拿出來用手抓著吃，我心裡一陣酸楚，我說我有很多吃的東西和月餅妳要嗎？她說要，還跟我說謝謝，我立刻衝到樓上拿了一個紙袋把冰箱裡文山伯送我的虱目魚丸拿了一包裝在袋子裡，另外有兩盒蛋捲、鳳梨酥和兩顆大芒果、三包水餃……，拿下去給他的時候，她說沒有冰箱，剎那間我眼眶紅了！這個時代還有人沒有冰箱，沒有電鍋，我用他的的電話直接撥我的號碼，我說明天我忙完三重造勢之後打給她，我想要

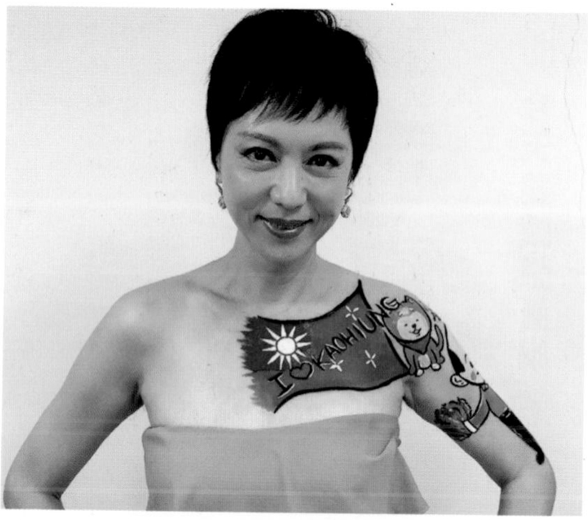

彩繪師 Betty 老師幫我畫這麼美，實在捨不得洗掉。

幫助她，送她一個大同電鍋，也許還送他一個小冰箱。

這讓我更體會到韓市長說的，勿忘世上苦人多，熊姐除了中華民國效力志工團之外，還想要成立一個單位專門幫助這些窮苦的人，有人要共襄盛舉的嗎？我來策畫一下怎麼樣做這件事情。

錦上添花的事我不做，因為不缺我一個，我希望真正窮苦的人，能夠得到幫助。所以我對韓國瑜寄望很高，如果他當選總統相信他一定會苦民所苦，幫助這些弱勢團體，幫助這些躲在黑暗角落連吃都吃不飽的人。我們共同努力！

三 今天要讀張曼娟

並不是所有的陰暗都能被擊破，並不是所有的創傷都能去面對。並不一定會有救贖，但曾經的美好與愛，會永遠留下來。這樣也就夠了。

♪今天要聽〈男兒當自強〉

傲氣面對萬重浪，熱血像那紅日光，膽似鐵打，骨如精鋼，胸襟百千丈，眼光萬里長，我發奮圖強，做個好漢子，每天要自強，熱血男兒漢，比太陽更光。

讓海天為我聚能量，去開天闢地，為我理想去闖，看碧波高壯，又看碧空廣闊浩氣揚，我是男兒當自強，昂步挺胸大家作棟樑，做好漢，用我百點熱耀出千分光，做個好漢子，熱血熱腸熱，比太陽更光。

韓國瑜造勢場上真是人山人海。就因為這個造型，我被封為「空軍一號座艙長」。

4 ＝「座艙長」找回青天白日滿地紅

在造勢場合，拿起麥克風跟大家提起少女時期一件往事：「我為什麼要支持韓國瑜？那是因為對國旗永恆的敬與愛。」

世新編採科修攝影課程，老師要我們去拍雙十國慶牌樓當作業。年輕貪玩，拍照當天跟同學「混」西門町，錯過了雙十國慶牌樓最美的燈光，怎麼辦？怕老師責備，只好臨陣磨槍去跟同學借了一張照片交卷。

現在回想，我後悔極了。以前的旗海多美啊！從仁愛路直通到總統府，在夜空下閃爍生輝。我應該拿起相機，記錄下國家生日的每一刻美麗。現在呢！排樓已失去昔日巍峨，剩下的，只是對旗海飄揚的追憶。所幸韓國瑜把國旗與國歌帶到高雄，為我們找回青天白日滿地紅。

「以前到高雄拿國旗，還不可思議地會被打，現在，我以國旗造型，聲嘶力竭為韓國瑜喊凍蒜。」拉票無所不在，我喊道，大家來挺韓，把輸掉的景氣贏回來，把以前亞洲四小龍的盛名搶回來。為準備國旗裝參加造勢，特別跑到西門町紅樓正門左邊，一家賣帽子和國旗T恤的店去買。

全副武裝，我用青天白日滿地紅的國旗，做了一頂船型帽和領帶，突出搶眼，被封為「空軍一號座艙長」，何其榮幸，以此造型來到凱道支持者造勢大會，身為演藝圈死忠韓粉「長腿姐姐」，我接受中國時報專訪時提到，所有支持韓國瑜的韓粉、非韓粉與中間選民要為了中國民國與台灣的未來站出來，下雨更要去，跟熊姐凱道不見不散。當天一片旗海，民眾都遵守秩序地沒撐傘而改穿雨衣，避免戳到別人的眼睛。韓粉友善又團結，從很多小地方看得出來。

回想韓市長每一場造勢，從四月二十七日第一場開始，我都是義無反顧地衝到第一線。花蓮那場，火車票超不好搶的，搶到中午十二點多的票，我獨自一人搭火車到花蓮，回程也差一點沒搶到票。不過，這無礙往後的每場支持，我們絕不缺席。到了花蓮，我一人進到東大門旁一家餐廳吃晚餐，老闆娘和服務生看到我很開心，還請我喝了一杯拿鐵咖啡，真的很感謝！碗裡面的飯，我叫老闆娘給我一口就好，因為澱粉不要吃太多，會胖。

二〇一九年六月二十二日，韓國瑜造勢大會，正是媽媽的頭七，在中台禪寺舉辦的法會，因我擔當部分主持人，沒能為她念經，但我知道媽媽不會怪我。

爸爸和媽媽會以我這個看著戰車長大，熱愛中華民國的大女兒為榮。

我也以身為你們的女兒驕傲，來世再結緣，約好一定要再當您們的女兒。

寫到這裡，每一次回到安居街打掃父母曾經住過的屋子，我依然清晰記得爸爸辛勞偉大的樣子，在那個房間裡，掛滿了他的字、畫……，留下來的毛筆、硯臺我依然留著，此刻我非常想念他，他走了以後，媽媽住進了這個房間，自幼殘障的媽媽，有著姣好的臉龐、白皙的皮膚，但生在日據時代，物資缺乏的年代，得了小兒麻痺，卻跟著窮困的爸爸，節儉持家、任勞任怨，二〇一六年六月十七日，媽媽氣切之後躺了一年又八個月，撒手人寰，離開了我們，也正式地告訴我一個事實，我已成孤兒了，每當我回安居街打掃完，走回家的路上，腦海中浮現媽媽年輕時，住在大安森林公園現址，國際學舍旁的違章建築裡，她一跛一跛地去給別人幫傭、打掃、洗衣服，而我有空就去幫忙擦樓梯。

我的爸爸媽媽沒有給我們留下什麼錢財，但是他們留給我們的卻是一輩子付出的滿滿的愛，以及以身作則最好的家教，這就是他們留給子女最大的財富，留給我們的無價之寶！

爸、媽，雖然你們不在了，但我永遠愛您們，謝謝！感恩不盡！無以回報。

今天要讀幾米

不要在一件事上糾纏太久。糾纏久了，你會煩，會痛，會厭，會累，會神傷，會心碎。實際上，到最後，你不是跟事過不去，而是跟自己過不去。要學會抽身而退。

5 ＝ 邀約佳芬姐參加慈善演唱會

上阿娟主持的《大尋寶家》，阿娟拿出韓市長的照片來問我，對韓市長的印象。我慢條斯理的分析，「以前我可能無法接受禿頭無髮男子，現在，卻覺得很帥，很有型。」

韓市長屬雞，我也屬雞，天生雞婆愛管閒事，根本是里長伯上身。一個雞頭，一個雞尾，我開玩笑跟阿娟說：「我比市長小一輪。」韓夫人佳芬是我世新的學妹，我哥哥是陸軍官校先修班畢業的職業軍人，爸爸帶我們在眷村長大，家族都忠黨愛國，感覺我們兩家人好多共同點，好多連結喔。

沒有事情是不可能的，「不可能」本身就含有「不，可能」的意思！邀約佳芬姐參加慈善演唱會，我深深體會這句話的真義。

一場風災，我們失去五百個同胞，台灣人沒有忘記這傷痛。十年過去，為紀念八八風災的受難者及伸出援手的善心人，我來往屏東數十趟，得以重新回到這塊曾經受創的土地，辦一場紀念音樂會。

公益活動，夥伴們總一馬當先，慈善檔期，一下子就爆滿，台灣最美的風景是人，人人要來高歌一曲。東森電視臺王牌製作吳翎鳳擔任總指揮，我則拿起麥克風主持及發藝人通告，同心協力完成這項超級任務。而我們心目中的第一貴賓是佳芬姐。怎麼請才請得來呢？

Nothing is impossible，八八這天，佳芬姐如約前來，看到她，我就心安了，就知道這場活動已震撼南台灣，印證了「有志者事竟成」。

她穿了一襲寬鬆黑色長版洋裝，搭配一雙白布鞋，在微風輕拂的戶外舞臺上，飄逸如仙女。事前，團隊認為邀約不是那麼容易，我卻用誠意和靈巧辦到了。這件事的意義不只在佳芬姐為現場加分的結果，更在邀約成功的過程。

心誠則「靈」，只要我真心誠意地想要完成一個善願，全宇宙都替我開路，這句話，在這次的空前行動上得到驗證。

佳芬姐能站台，當然得先感謝韓國瑜韓市長的促成。我怎麼能見到分身乏術的韓市長？當面報告這件「小事」？又得以把邀約訊息傳出？其實事要成，須遇貴人，我要特別感謝張大哥與劉大哥，是他們促成了小女子的心願。

張大哥是在韓粉聚會中認識的，認識不久，也不好意思麻煩他代邀，「我熟。」張大哥一聽我的期待，馬上說。「真的？」我不免懷疑的問。那是在六月下旬，我無役不與的每場韓國瑜初選造勢都不缺席，也響應韓市長所說的「買光，花光」口號，以個人消費來力挺高雄。

就在捷運出口，韓市長正下公務車時，兩個人面對面遇個正著。「韓市長，造勢晚會我每場都參加，還一個人去花蓮。」我熱情的上前握手並且自我介紹，「韓市長，我都沒跟你拍照。」

韓市長連聲說：「有機會。」我說：「韓市長，保重身體，你的身體是國家的，不是個人的。撐住，挺住，為中華民國粉身碎骨。」聽我這番關懷之言，市長連聲道：「謝謝！謝謝！有看到妳的直播影片。」影片是大百合拍的，由劉大哥上傳給中天電視臺播放。

韓市長既對我有印象，我抓住機會問佳芬姐出席八八演唱會的可能性，韓市長點頭答應我：「我會轉告她。」聽到這句話，我鬆了一大口氣。

高溫的高雄，下午的愛河太熱，所以我們先去找杏仁哥進行直播，五點天黑時，我鍥而不捨的邀約佳芬姐，從高雄回台北繼續。到中視錄《庶民大頭家》時，遇到高雄市議員陳麗娜，再拜託她轉告，離八月八日越來越近，我有點緊張，反正那幾天，遇到「沾一點邊的」都去拜託，都去「關說」，「厚著臉皮」總動員。反正這是行善做好事，不會惹人嫌的。

忐忑不安許久，好消息終於傳來，《庶民大頭家》製作人翟倩玫傳簡訊告訴我，「沒問題了！」短短三個字，卻是多大的開心，佳芬姐確定可以參加八八風災紀念演唱會擔任嘉賓了。那一刻，我真是欣喜若狂，我小熊認真做事、誠心待人，老天看到了，給我回報了，捎來回音了。成功靠的是堅毅不拔的精神，我今天學到一課，終身受用。

三 今天要讀泰戈爾

不要著急，最好的總會在最不經意的時候出現。那我們要做的就是：懷揣希望去努力，靜待美好的出現。

杏仁哥約我去高雄做直播，帶我參觀鳳山行政中心，在咖啡廳巧遇韓市長。

今年八八水災十週年紀念，中華民國效力志工團辦的紀念活動，我是主持人，邀請佳芬姐來當貴賓。

6 ═ 凍齡的祕密

從單純懵懂到眼光洗鍊，回朔時間旅程，不會愛自己的女人，往往存在感很低，總想從對方那裡，得到更多的愛和關心。要先學會愛自己，才有能力去愛別人和被別人愛，女人，要學會對自己好一點，再好一點……。

愛自己最直接的方式，是捨得妝點門面。千萬別說，就是你們藝人愛漂亮，一輩子離不開醫美。No! No!

我畢生的偶像，西方有高雅的奧黛麗赫本，東方則是甜美的甄珍，左看右瞧都完美至極，毫無死角。崇拜開啟學習，我以兩位影視前輩為榜樣，慈悲、寬懷，散播人類的至愛。善良的人都有著純淨的目光，奧黛麗赫本，眼神無法偽裝。

那一天去通化街買來奧黛麗赫本的海報，自己現在的「赫本頭」就跟她一樣耶！短髮神采奕奕，和奧黛麗赫本的髮型如出一轍。她是我的偶像，除了有絕世美貌之外，還有一顆無以倫比的愛心，所以我喜歡她，她是我心目中的模範女性代表，現在的女孩子漂亮，但是缺乏一種優雅的氣質，講話的聲音令人驚嚇，內容真是乏善可陳……，是我們的學校教育失敗！

奧黛麗赫本說：「在我還不會演戲時被叫去演戲，在我不會唱時被要求唱Funny Face，在我不會跳時要與弗雷德阿斯坦共舞—所有這些我都沒準備過，為了能做到，我就近似瘋狂地嘗試和努力。」

人生，就是下定決心，為自己勇敢前進而已。天海祐希是我們熟悉的日劇女王，五十一歲的年紀，經常保持運動習慣，讓她看起來結實並且充滿年輕的氣息。「各位大姐！結婚算什麼！健身啦！練肌肉！練肌肉！肌肉會拯救妳！」這是她的名言。

以前的短褲叫「熱褲」，「正經」女子絕不敢輕易嘗試，屁屁露出半截，現在戲稱為「露臀妹」，短到不能再短的尺度，隨時可能春光外洩。

一九九九年，我到華視參加《週末二一〇〇》新春特別節目，和葉倩文，那時候藝名叫莎莉，一同在化妝室準備上節目。有位攝影大哥靈感一來，要我穿上莎莉的熱褲，拍一張「賣騷」〈這兩個字確實存在於上個世代〉對比的照片。

「一件熱褲兩樣情」記者下的標題是這樣。就腰圍和腿長這兩個女人的性感部位來**PK**，莎莉都比我大一號，更接近西洋絕色美女的標準。我借到熱褲後，搭配豔紅襯衫，在肚臍眼打個美麗的結，褲扣掛一串搖啊搖的鑰匙，搖出我特辣的獨特味道。

凍齡有祕訣，我在《小明星大跟班》中分享，如何維持魔鬼身材。主持人吳宗憲讓我和台灣第一美腿名模陳思璇比腿長。陳身高一百七十公分，腿長一百一十公分，我身高一百六十七公分，腿長一百零八公分，都很均勻。

選舉過後，熊姐要恢復以前的生活，也許又要變回宅女了……，久不看書不寫字，覺得自己都變得面目可憎，我要去買一本成語故事，因為很多成語都已經忘記了。還是找個學校去上上課、聽聽演講？

現在只要看到我的偶像奧黛麗赫本海報，超級開心，貼在家裡冰箱上、房間、浴室門口……，又發現自己的髮型跟她一樣，真是要以她為榜樣做公益、有氣質、多閱讀，充實自己。

這是我最喜歡的一張造勢場上的照片， 不僅自然，更是充滿正能量。

三 今天要讀克莉絲蒂娜・伯恩特

如果我們能辨識人生中的美好時刻，對悲歡離合也都能平靜接受，那麼「幸福快樂」將只是低階的快感，而「滿足」才是人生最高的境界。

7 ＝ 珍惜溫暖的朋友，是大齡的智慧

美好的時光定格，喚起我心靈共鳴的琴弦。和舞臺上風光一時的模特兒、演員等昔日老友相聚，心頭歡騰又清澄，忘不了曾經共同走在一個青春與成熟的交界，如今更惺惺相惜。

那天，邀我們相聚的主人是費姐，一個美麗溫柔又殷勤周到的熟女，她對我最好，高興的時候唱歌，傷心的時候喝酒，兩人磁場合了幾十年，這輩子誰也甩不開誰了。

週末的陽光很溫柔，來三峽做客，新舊韓粉齊聚一堂，我一個個恭敬的舉杯敬酒，認不認識都無妨，舉杯後就認識了，五百年才能同船渡，彼此多有緣啊！

我和姐妹說，離二〇二〇還有一段時間，我們要常常這樣聚會，擴展影響力，發酵支持力，為韓家軍招兵買馬。

愉悅享用費姐的拿手料理之外，我也說起我跟費姐的交情，要從我賣出木柵軍功路的房子談起。那時候，費姐要重整家庭財政，我就建議她由大屋換小屋，我那軍功路四層樓的獨棟賣給她，以不到兩千萬來換取現在住的蛋黃區。

「馬上零負債，減低貸款，財務輕鬆多了。」我建議。費姐眼睛發亮地說，覺得這主意挺好：「就小熊最聰明，會理財。」

我究竟會不會理財？可以說會，也可以說不會。我經手的房地產買賣，從臥龍街、安居街、軍功路到安和路，再到美國洛杉磯和北京，也算洋洋灑灑很可觀，其中安和路的房子賣給製作人柴智屏後，又再找到新買家，兩人都賺到錢：「田宅宮」說起來還算不錯。換個角度來看這幾十年的「財帛宮」，卻也數度大意失荊州。體諒前夫創業不易，先投資後補洞外，也好心「金援」朋友，實話說，拿得回來的機會十分渺茫。

好在，朋友更是珍貴的財富，我的友誼存款簿越來越厚。二十五年前，帶著兩個尚年幼的兒子搬到臨沂街，生活大亂。費姐知我苦悶，無心張羅三餐，就經常開著賓士車帶著熱騰騰的水煎包來看我。若不是她抒解我那一陣子的低潮，我復原期會拖很長，就不會有今日的座艙長。費姐入住獨棟宅後經營餐廳，我把自己當愛錢的老闆似的，天天帶客人衝業績，非座無虛席不可，後來還和費姐合開火鍋店，收是收了，也學得許多經營之道。

不是我臭屁，換到現在，我鐵定懂行銷，把火鍋店做起來。因為我已獨立完成八八風災的募款演唱會，從燈光音響到歌手，再到公部門的協商，每件事親力親為，都圓滿完成。現在朋友捐的兩臺五十五吋電視，我特別請世新學妹李佳芬擔任抽獎貴賓，我是她的學姐，大家叫她佳芬姐，那我應該叫她什麼呢？

我如今已徹底懂行政，也懂行銷了。現在把一個專案交給我，我已能掌控全局、窺見全貌了。看我安排的演唱會舞臺卡司有多厲害，就知道我早已脫胎換骨，大百合姐妹、王中平和王瑞瑜的民歌組曲都是百聽不厭的經典吧！以這微薄經費能請到高知名度的歌手，真是費盡心思不容易，處理活動一直弄到清晨五點多，不眠不休的，十分謝謝他們的友情贊助。

最讓我感動的是，我一開口邀請，每個藝人都不跟我談酬勞，就知道是過去做好事，知道我曾經幫助過他們，從今以後，也必定記住恩情，找機會加倍回報。

我以前給人的印象，是「動感又性感的一個長腿姐姐」的概念。這些年，我認真地練習慢歌，在與韓粉相見的場合，都抒發真情濃意唱慢歌來博感情，有位合音老師教我歌唱技巧，也讚美我歌聲很乾淨，歌藝大有進步。

我認為，勤快練習與放進真感情，唱歌就會好聽。我是個注意運動與體態的人，有足夠的肺活量唱歌，也就是現代人講的「氣」。氣足了，嗓音就開，歌聲就美。

我清楚自己的問題，不笑，就兇兇的感覺，若臉上揚起笑容、打招呼的聲量提高，人緣自然就好：「熊姐，妳還沒來，費姐就一直等妳來，一直誇妳哦！」一位鄰居跟我說。

在費姐的姐妹聚會，我拿起麥克風主持，喝了六大杯高粱，臉都喝得駝紅，卯足勁載歌載舞十幾首，露了大腿也扭了腰，帶動全場的歡樂氣氛到最高點，說學逗唱，十八般武藝全副上陣，全場嗨到爆。散場的時候，我意猶未盡的高聲和大家說再見，還揮手跟費姐說：「費姐，以後的每一場聚會都一定、一定要記得揪我哦！」

感覺自己已經成為越來越像好笑的，幽默又急智的「台灣金星」、「女版吳宗憲」，風格鮮明，內心澎湃，好喜歡這樣的自己，給自己一個大大的讚。希望以這樣的人氣及親和力，為韓國瑜做點事，祝他二〇二〇前進總統府，為中華民國做點事。

珍惜身邊既嚴格又溫暖的朋友，是大齡的智慧。不想去的聚會，那就不要去了，覺得不舒服那就別聯繫了，沒有回報的感情，也請學會放棄！好朋友不是先來的人或者認識最久的，而是那個來了以後，再也沒有走的人。

如果我的慢歌越唱越好，也越來越有感情，那應該是勤快到 Piano bar 練出來的。鋼琴師彈在鍵盤上的溫柔指尖，觸動了許多美麗與哀愁。經常的，我獨自一人去 Piano bar 唱歌，幽幽唱，低低吟，歌聲有我的往事。

也經常的，我約三五好友讓鋼琴師伴奏，讓生意清淡的時候，因捧場而人氣旺旺。我都是自動自發不求回報的，沒想到鋼琴師感性：「熊姐，我知道妳對我好，我嘴裡不說，但是心裡明白，總有一天回報妳。」可能不習慣這樣「告白」，鋼琴師竟有點靦腆呢！這種氣質與才華的鋼琴師在 Piano bar 稀有，報上歌名，琴聲就幽幽揚起，好神，什麼歌都難不倒他，本土西洋混搭的五聲帶。

「別客氣啦，朋友就是要相挺的。」面對這樣客氣，我特別、特別想幫他。

有一次，客人酒醉發酒瘋，在那兒大小聲。夜店很怕這種事，這事其實不多見，平常非常單純，但發生一次就很麻煩。

看我的！我這糾察隊個性又爆發了，過去輕聲問：「請問何事？」醉酒客人一看到我，就笑咪咪地說：「熊小姐，我是妳粉絲。妳好！妳好！」

我舉起酒杯說：「您好！我敬您！」雙方喝酒，一場可能爆發的風波就過去了。老闆、鋼琴師也謝謝我路見不平拔刀相助，其實，沒什麼，EQ還不差，經常這樣化干戈為玉帛。有新人來店裡過生日，我上前替他們唱「生日快樂」，舉杯祝福時，新人形容我的聲音：「謝謝熊姐，妳聲音好乾淨哦！」

哈，喜歡這樣的形容。

與人為善，並不難，對吧？許多人卻偏偏心口不一。我發現，酸我的網民常常念經，說自己是佛教徒、基督徒……，但是他們都沒有修自己的嘴巴和心，見不得別人好，捨不得給別人讚美，對於這種人覺得很無言，佛在心中。總之，不遭人忌是庸才，刮別人鬍子之前，先看看自己的鬍子刮乾淨了嗎？

希望大家都能夠口吐蓮花。比不上別人要先反省自己是否夠努力，如果覺得自己已經非常、非常的努力奮鬥了，卻依然沒有成功，沒有別人的成就，那你只好怨嘆自己沒有那個命。

「不羨慕、不計較也不忌妒」的本性總時時刻刻提醒我，放鬆、放下、放空。人生短短幾個秋啊！書中一段話有道理：「逢到人生狹窄之處，必留一步讓人通行；與人相交濃郁之時，需淡三分。」

好幾次被閨蜜「氣」到下決心，從現在開始，我要過自己想要過的日子，以前都是為了別人付出比較多，現在終於想通了，唯有自己才是自己的主人。不過，心一軟，可能又很快地破功，再去管東管西，哈哈。自私的人的確比較不會受傷，因為付出的少，甚至沒有付出什麼，只希望別人給他，予取予求。我不願意做這樣的人，骨頭是硬的，腰桿也是挺直的。

離婚前後，比較文藝範的說法是：「浸過水的柔情，也越過火的試煉，看透了世態炎涼。」所以，我覺醒，雖然覺醒有點晚，但是，總是個起步。六十一歲的當下，想法跟以前不一樣了。這世間有好人，更有壞人，我若一視同仁而不分好壞，會浪費正能量，更折損我行善的意志。

我現在都熱情又主動地跟人打招呼，不是稱對方帥哥就是叫美女，拚命讚美對方。影劇是個特殊的行業，眉角多、潛規則多：「宮鬥」可不只發生在連續劇裡，平常就活生生聽到：「妳自認美，別人偏偏不甩妳。」只有口吐蓮花，才能化干戈為玉帛，不是嗎？

好，是顆糖，吃了就沒了，錯，是道疤，會永遠存在，一般人都會因為一點錯，會忘記所有的好。了解這人性而進退得宜，是要學的功課。「凡事好商量，不要說絕」是我的溫和之道。

想念擺在心中，等於零，要動起來。每年，我都做老朋友聚會召集人，不定期的約三十年沒見的老朋友聚會。而且，也顧念圈內很多老友演出機會不多，所以我能作主的場子，沒第二句話，就是想盡辦法讓大家上舞臺。

然而，這份好意未必受到了解，甚至可能顛倒思考，認為是降低身價幫我站臺。我以前看淡，現在看破，還舉起酒杯向「白目」敬三次。不是記仇，是記取教訓，以後千萬別再做傻事，做笨事，留一個聰慧的腦袋，去支持韓國瑜成就治國大業才是正事。

「愛與包容」不是口號，我要真正在個人行為中落實做到。以後，要更愛自己，也愛朋友，想要什麼就買什麼，少管沒緣分「熟悉陌生人」的閒事，因為，對方不見得感謝自己，可能還覺得煩，有壓力呢！

我是個只問耕耘不計收穫的怪人，一生不懂什麼是忌妒，別人發生好事情，就是獻上祝福，完全沒有「宮鬥」這些有的沒的。我只要有一點點不高興，朋友就會覺得奇怪與吃驚，他們心目中的熊海靈從來都是高高興興的，今天這樣，一定發生什麼驚天動地的大事了，否則微笑小熊不會輕易變臉的。

我也相信「眾志成城」，明白「要怎麼收穫先怎麼栽」的道理。十年前，我以熱忱投入中華民國效力志工團，擔任過一屆理事長，導演林合隆見我愛心感人，派了攝影與助理幫我拍攝影片留下工作記錄！二〇一八年八月的十週年才得以完整資料向屏東縣政府申請了經費，再度邀請藝人到佳冬鄉表演，為小林村及林邊兩個部落的居民募款。我始終厚待參加表演的藝人，從不坐長途遊覽車萬里跋涉，以高鐵讓大家的交通舒適便利，也贈出自己能力範圍的紅包來表達謝意。

付出微小的力量，也可救蒼生於萬一。十年前的莫拉克颱風，大百合幫助小林村，我則去救林邊，兩個天生的雞婆出錢出力辦募款演唱會來重建災區，從台北到屏東，長長的路載滿了我們的愛。

也感謝十年前全省志工們的無私奉獻，才能有後來的「中華民國效力志工團」的成立。哪裡有災害需要我們，志工團就會前往救災、協助災民，也謝謝旺旺集團蔡董的大力捐獻與協助。

餘生很貴，不要浪費。

三 今天要讀席慕容

歲月在每個人身上走過，步伐不一，香醇也不同。友誼和花香一樣，還是淡一點的比較好，越淡的香氣越使人依戀，也越能持久。

和中華民國效力志工的幹部，參加中視錄影。這是我們的制服，雖然很簡單！但是包含了無限的愛心。

裝甲車的女兒：看著戰車長大的愛國女孩——熊海靈的人生風景

作　者—熊海靈
訪　談—李碧華
副 主 編—蔡月薰
校　對—熊海靈、蔡月薰、何怡樺
美術設計—FE設計 葉馥儀

董 事 長—趙政岷
出 版 者—時報文化出版企業股份有限公司
一〇八〇三　臺北市和平西路三段二四〇號七樓
發行專線：（〇二）二三〇六六八四二
讀者服務專線：〇八〇〇二三一七〇五・（〇二）二三〇四七一〇三
讀者服務傳真：（〇二）二三〇四六八五八
郵撥：一九三四四七二四時報文化出版公司
信箱：10899臺北華江橋郵局第99信箱

時報悅讀網—www.readingtimes.com.tw
電子郵件信箱—books@readingtimes.com.tw
法律顧問—理律法律事務所 陳長文律師、李念祖律師
印　刷—詠豐印刷有限公司
初版一刷—二〇一九年十二月十三日
定　價—新台幣三九〇元

時報文化出版公司成立於一九七五年，並於一九九九年股票上櫃公開發行，於二〇〇八年脫離中時集團非屬旺中，以「尊重智慧與創意的文化事業」為信念。

裝甲車的女兒：看著戰車長大的愛國女孩——熊海靈的人生風景 / 熊海靈作 -- 初版. 一 臺北市 : 時報文化, 2019.12
面；　公分. -- (FUN ; 035)

ISBN 978-957-13-7961-6(平裝)

783.3886　　108015119

ISBN 978-957-13-7961-6